Animais de Estimação

CÃES

Guia de Adestramento

Osposs
Osposs

Animais de Estimação

CÃES
Guia de Adestramento

Mary Ray e Justine Harding

PUBLIFOLHA

Um livro da Hachette Livre UK Company

Título original: *Hamlyn All Colour Petcare: Dog Tricks*

Publicado pela primeira vez na Grã-Bretanha em 2009 pela Hamlyn, divisão do Octopus Publishing Group Ltd, Endeavour House, Shaftesbury Avenue, 189, Londres WC2H 8JY

COORDENAÇÃO DO PROJETO: PUBLIFOLHA
Editora-assistente: Paula Marconi de Lima
Coordenadora de produção gráfica: Soraia Scarpa
Produtora gráfica: Mariana Metidieri

PRODUÇÃO EDITORIAL: ESTÚDIO SABIÁ
Edição: Silvana Salerno
Tradução: Bianca Albert
Preparação de texto: Rosane Albert
Revisão: Cecília Madarás e Hebe Lucas
Editoração eletrônica: Nobreart

As informações contidas neste livro não excluem a consulta ao veterinário. Decisões que envolvam a saúde do seu cão devem ser tomadas sob a orientação de um veterinário. Os cães retratados neste livro não sofreram maus-tratos durante a produção das fotos.

Dados Internacionais de Catalogação na Publicação (CIP)
(Câmara Brasileira do Livro, SP, Brasil)

Ray, Mary
Cães: guia de adestramento / Mary Ray, Justine Harding; [tradução Bianca Albert]. – São Paulo: Publifolha, 2011. – (Coleção animais de estimação)

Título original: Dog tricks
ISBN 978-85-7914-238-3

1. Cães - Treinamento 2. Jogos para cães I. Harding, Justine. II. Título. III. Série.

10-09409 CDD-636.70835

Índices para catálogo sistemático:
1. Adestramento de cães 636.70835

A grafia deste livro segue as regras do Novo Acordo Ortográfico da Língua Portuguesa.

PUBLIFOLHA

Divisão de Publicações do Grupo Folha
Al. Barão de Limeira, 401, 6º andar
CEP 01202-900, São Paulo, SP
Tel.: (11) 3224-2186/2187/2197
www.publifolha.com.br

Impresso na Toppan, China.

Instituições sem fins lucrativos, auxiliadas por pessoas sensibilizadas pela causa dos animais, dedicam-se a ajudar aqueles que foram abandonados, recolhendo-os das ruas, dando-lhes tratamento veterinário e encaminhando-os para novos lares. Também promovem campanhas de castração para evitar a superpopulação canina, principalmente nas regiões mais pobres e nas grandes cidades. Abaixo, algumas organizações brasileiras que realizam esse importante trabalho:

Casa da Passagem São Lázaro – São Paulo (SP)
site: www.adoteumfocinho.com.br
telefones: (11) 7127-2106 / 8405-3208 / 9914-3820

Suipa – Sociedade União Internacional Protetora dos Animais – Rio de Janeiro (RJ)
site: www.suipa.org.br
telefone: (21) 3297-8777 / fax: (21) 3297-8759

Uipa – União Internacional Protetora dos Animais
site: www.uipa.org.br

Este livro foi criado em associação com a Dogs Trust, uma grande organização para o bem-estar dos animais no Reino Unido.

sumário

por que ensinar truques?

Ensinar truques a seu cão é gratificante, divertido e lhe dá a oportunidade de mostrar aos outros como o seu animal é esperto. Ele se beneficiará física e mentalmente disso e vocês ficarão mais próximos, construindo uma relação de compreensão e confiança muito maior. Em resumo: você e seu cachorro passarão a curtir muito mais a companhia um do outro.

Um cachorro adestrado e estimulado é um animal feliz.

Os truques são simplesmente uma extensão do adestramento que o dono responsável já faz. Eles apenas desenvolvem as habilidades do animal. Quando vemos cachorros brincando juntos, percebemos que eles executam naturalmente muitas das ações que são ensinadas neste livro. Quando ficam sozinhos, esse comportamento tende a se perder, mas, com treinamento, ele pode ser estimulado de novo.

O que o cão ganha com isso?

- Aproveita o tempo que passa com você
- Utiliza o raciocínio
- Melhora a forma física e a agilidade
- Fica mais alegre
- E deixa o dono feliz

O que você ganha com isso?

- Aproveita o tempo que passa com seu cachorro
- A incrível sensação de ver a felicidade do animal ao exibir seus talentos
- A emoção de perceber o quanto seu cachorro é esperto
- Muita diversão
- Um cão mais receptivo, obediente e feliz

Elogios, não punição

Ensinar truques a animais já foi um ato malvisto – não por causa dos truques em si, mas pela forma como eram ensinados. As técnicas de adestramento deste livro não usam punições, apenas recompensas e elogios. Além disso, bons treinadores aprendem a desenvolver o melhor do comportamento de cada cão. Assim, não é de surpreender que, com essa abordagem, os animais aproveitem o aprendizado de novos truques e se esforcem para mostrar o que sabem fazer na esperança de ganhar outra recompensa.

Ter um cão significa construir um relacionamento gratificante para você e para ele.

Os cães são muito inteligentes e precisam manter as mentes ocupadas. No entanto, eles geralmente não são incentivados o suficiente e acabam encontrando maneiras próprias de se estimular. É assim que problemas de comportamento aparecem, em decorrência de tédio e frustração. Ensinando truques, você dará ao cão muito o que pensar e, consequentemente, evitará o surgimento de maus hábitos – ou mesmo solucionará aqueles que já existem. É como se diz, o cachorro é o melhor amigo do homem. Mas, se você ensinar-lhe alguns truques, ele será um companheiro ainda melhor.

É claro que isso demandará certa dedicação, mas apenas cinco minutos diários (e um tempinho a mais quando puder) serão suficientes para você perceber grandes resultados. Se surgir qualquer contratempo, consulte a "lista de adestramento" na página 25 para ajudá-lo a resolver pequenas dificuldades, antes que elas se tornem grandes problemas muito mais difíceis de solucionar.

avalie antes de começar

A princípio, o treinamento é feito com brincadeiras, tornando-se mais complexo à medida que o filhote cresce.

Você e seu cão não veem a hora de aprender alguns comandos legais. Você até já pensou em alguns truques que considera bem bacanas. Isso é ótimo – com tanto entusiasmo os dois irão longe. Contudo, as características particulares de cada cão são determinantes na escolha dos truques e no modo de ensiná-los.

Existem cães com os mais diversos biotipos, tamanhos, raças, idades e habilidades. Praticamente todos são capazes de aprender truques, mas o treinamento terá muito mais êxito se você levar em conta essas características desde o começo.

Idade

Dizem que não se pode ensinar novos truques a um animal velho, mas, na verdade, nenhum cachorro é velho demais para aprender novos truques. Pense no treinamento que ele já tenha feito, bem como em seu preparo físico e em sua saúde. Por exemplo, para um cachorro com problemas nos quadris e que não tenha sido muito treinado, não será tão fácil andar para trás (p. 130) quanto dar a pata (p. 54). Da mesma forma, filhotes e animais jovens não terão maturidade física e mental suficiente para alguns movimentos, sobretudo os que envolvem saltos ou ficar em pé sobre duas patas. Em vez disso, concentre-se em outros truques e, com o tempo, passe para outros mais elaborados.

Raça

A raça também determina os truques em que o cão irá se sobressair e em quais ele encontrará mais dificuldade. Cachorros pequenos geralmente ficam em pé sobre as patas traseiras com muita facilidade. Mas toda regra tem exceção. Um buldogue de 12 anos, por exemplo, acha muito fácil fazer um "toca aqui" (p. 64) e rastejar para trás, apesar de sua estrutura física indicar o contrário.

Os border collies são considerados os melhores cães para adestramento especializado em virtude de sua inteligência e disposição para agradar. Contudo, apesar de espertos, por serem de uma raça "observadora", eles gostam que se mostre o que lhes é solicitado. Há raças ou cruzamentos que se revelam melhores em pensar por si próprios. Portanto, independentemente da estrutura ou da raça do seu cão, experimente – você se surpreenderá com o que vocês dois podem conquistar com um pouco de dedicação.

Onde treinar

Você pode ensiná-lo em casa ou no quintal sem problema, e, quando ambos ganharem confiança, poderão praticar durante os passeios. Em casa, o animal fica mais relaxado e seguro de si e, assim, mais disposto a aprender. Escolha um cômodo que tenha piso macio e não escorregadio, para que ele tenha firmeza e se sinta à vontade quando você pedir que se deite. É importante ter espaço livre, sem móveis, para ele se movimentar sem obstáculos e encontrar facilmente os petiscos jogados a ele como recompensa. No começo, dê preferência a locais tranquilos e fechados para que o cão se mantenha concentrado em você; só quando o treinamento estiver mais avançado vá a lugares com mais distrações.

Destro ou canhoto?

Assim como o homem, os cães são mais hábeis de um lado que do outro, por isso acharão mais fácil usar a pata direita ou esquerda para fazer certos truques.

Observe-o para ver qual lado ele prefere naturalmente.

Assim, você poderá ajudá-lo a aprender coisas novas começando sempre pelo lado mais "fácil".

Depois, ao aprender truques usando os dois lados, ele se tornará mais equilibrado e flexível.

No início, mantenha as brincadeiras e as lições separadas, evitando frustrações para você e para ele.

equipamento necessário

Para fazer qualquer trabalho bem-feito, é preciso contar com os instrumentos certos, o que é válido também para o adestramento de cães. É provável que você já tenha alguns destes itens; outros só serão necessários quando começarem os truques mais avançados.

guia

Coleira e guia

A guia será necessária apenas se o cão iniciar pelo treinamento básico (p. 26). A maioria dos truques é ensinada com mais facilidade sem ela. Escolha uma coleira de couro com a espessura adequada ao pescoço dele e ajuste-a de modo que consiga colocar dois dedos entre ela e o pescoço. A guia deve ficar confortável em sua mão e ter a grossura e o comprimento compatíveis com o tamanho do cachorro, mas não pode ser longa a ponto de impedir você de encurtá-la sem problemas.

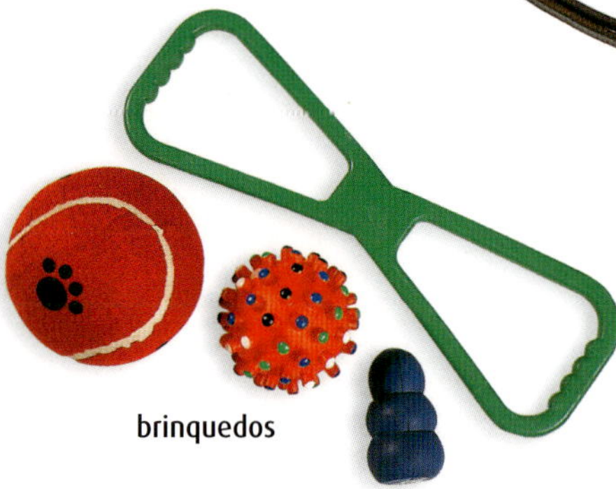

brinquedos

Brinquedos

Talvez você já tenha alguns brinquedos e saiba quais são os preferidos de seu amigo. Desde que o cão goste deles, os de puxar são bons para treinar, uma vez que você pode recuperá-los rapidamente. Reserve alguns dos brinquedos favoritos apenas para o adestramento.

coleira

petiscos

bastão

clickers

Petiscos

Selecione alguns petiscos que seu cão adore. Carne cozida, queijo ou salsicha geralmente são os preferidos. Saiba mais sobre como escolher e usar os petiscos na página 14.

Bolsinha ou pote de petiscos

Uma bolsinha presa à cintura é o ideal, pois você poderá pegar os petiscos facilmente, em qualquer lugar que esteja, e ainda ficar com as mãos livres. Ou mantenha um pote cheio de petiscos sempre por perto.

Clicker

É um pequeno equipamento com uma lingueta metálica que emite um "clique--clique" quando pressionada. Deve ser usado quando o cão tiver feito alguma coisa certa (p. 18). Há o modelo com a lingueta interna, que é acionado com o polegar, e o que tem um botão, que pode ser pressionado também com o pé.

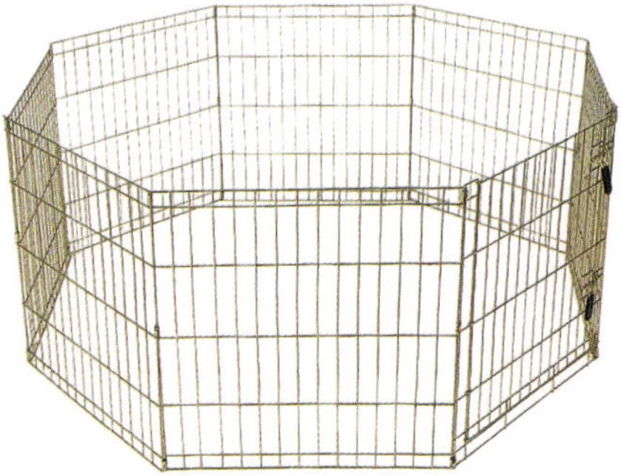

cercadinho

cesta

Cercadinho

É uma cerca de vários lados, com grades de metal articuladas, que pode ser montada em diversos formatos. Apesar de ter sido projetado para manter filhotes longe de encrenca, o cercadinho é ideal também para ensinar alguns truques avançados. Se preferir, pode improvisar com algo que já tenha em casa.

Target e bastão

Alguns truques têm mais resultado quando ensinados com o uso de um target ("alvo", em inglês), que dá ao cão um ponto bem definido para tocar ou seguir. O target é uma pequena superfície plana, de plástico ou madeira, usada para posicionar o animal (pp. 157 e 160). O bastão, como o ilustrado na página 11, é uma vara extensível. Com o auxílio de um acessório fixado na ponta, como uma bolinha ou um pedaço plano de plástico ou madeira (pp. 157 e 158), você pode ensinar novos movimentos ao cachorro.

bola

baliza e cone

Baliza e obstáculo

Se quiser ensinar o cão a desviar de obstáculos, a fazer truques com baliza ou salto, você precisará disso. Há balizas e cones para base especialmente projetados à venda em fornecedores de equipamentos para *agility*, que têm dupla finalidade – a baliza pode ficar em pé, fixada no cone, para os exercícios de desvio, ou na horizontal, apoiada em dois cones, para as provas de salto. No primeiro caso, você pode fazer sua própria baliza com um cabo de vassoura leve preso a um bloco pesado, para que não seja derrubado com facilidade. Já para os saltos, pode improvisar algo que seja derrubado facilmente sem machucar o cão, como uma vara de bambu.

Acessórios

No livro, são usados aro, vara, cesta, skate, cobertor, bola, lixeira, mas você poderá adaptar os truques de acordo com as coisas que tiver à mão. Use a criatividade!

ensine truques usando petiscos

A maioria dos cães adora comida e fará qualquer coisa por um petisco! Até aqueles que não se importam com agrados ficarão mais entusiasmados quando alimentos de "muito valor" forem usados. Assim como nós, os cães só trabalham se o pagamento valer a pena.

No adestramento, é melhor usar comida "de verdade", pois é muito mais atrativa para os cães. Use alimentos que não se desfaçam e que permaneçam visíveis quando jogados no chão. Eles devem ser cortados em cubos do tamanho da ponta do polegar. Faça o teste dos três segundos: o seu cão consegue – e ele realmente quer – mastigá-lo e engoli-lo em menos de três segundos? Caso contrário, este alimento não servirá para o treinamento. Para que os petiscos deem mais resultado, é importante que o cachorro não tenha se alimentado pouco antes do treinamento. Mas ele não deve estar faminto, pois isso pode transformar a avidez pelo alimento em frustração, ou pior, em agressividade.

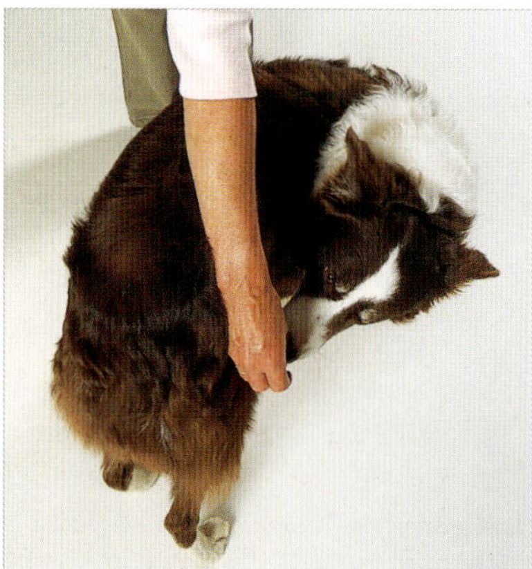

Segurando o alimento com a ponta dos dedos, você "atrai" o animal para qualquer direção.

Petiscos para adestrar

Para ensinar truques, a comida é usada de duas maneiras. Primeiro, como recompensa: ofereça o petisco assim que o cachorro tiver feito o que pediu, direto na sua mão ou jogando-o para ele. Se ele estiver longe, jogue o petisco, assim você evitará que ele espere a comida sempre da sua mão.

Em segundo lugar, como isca, a comida serve para mostrar a ele o que você quer. Segurando um petisco com as pontas dos dedos perto do seu focinho, ele seguirá sua mão até a posição desejada ou por todo o movimento que estiver ensinando. A posição

Pontos-chave

- A isca serve para o cão observar o alimento, não para pegá-lo. Ensine-o a não tentar fazer isso, segurando o petisco com firmeza entre as pontas dos dedos, de modo que o cão apenas sinta o cheiro. Mantenha a mão imóvel e espere até ele parar de tentar morder a isca. No momento em que ele começar a se afastar, dê-lhe o petisco. Repetindo isso, o cão aprenderá que conseguirá o alimento mais facilmente se for paciente.

- Evite deixar cair farelos no chão, senão o cachorro irá aprender a ir atrás de "brindes", e não de você.

- Certifique-se de que você tem o melhor alimento do local onde estiverem, assim o cão não sentirá vontade de procurar petiscos em outro lugar.

do focinho determinará a direção do movimento do restante do corpo dele. Por exemplo, se incentivá-lo a erguer o focinho, ele abaixará o traseiro automaticamente, o que será muito útil quando pedir para ele se sentar. Para melhores resultados, pratique com a palma da mão voltada para cima ou para baixo, como mostram as figuras.

Ao mesmo tempo em que é usada como uma técnica, ela é mais efetiva no treinamento com o clicker (p. 18).

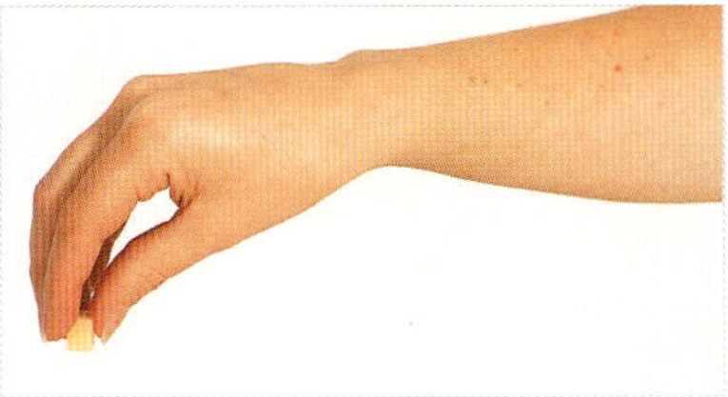

Palma para baixo

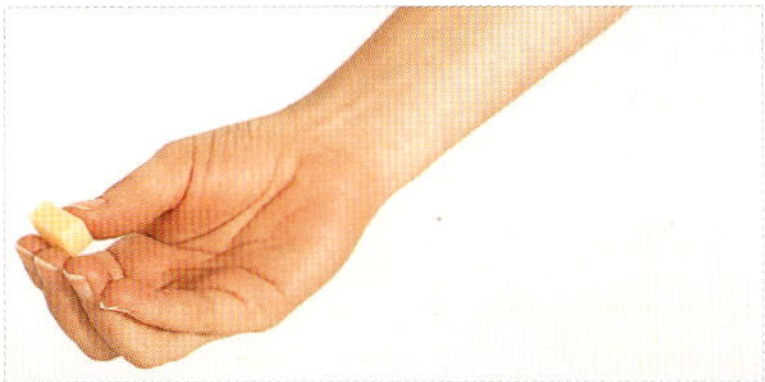

Palma para cima

As recompensas certas

Muitos donos acham que seus cães vão se esforçar apenas se houver comida. Os cachorros muitas vezes são pouco recompensados ou têm seu prêmio retirado muito rapidamente assim que aprendem algo novo. Seja generoso, principalmente no início do adestramento, para que o animal saiba que a dedicação dele está valendo a pena. Conforme ele passar a entender e curtir o truque, comece a diminuir as recompensas, ofereça-as mais aleatoriamente ou peça que ele faça algo mais em troca.

comunicação canina

Os cachorros são mestres em linguagem corporal, mas, infelizmente, o homem não é. Os donos costumam acreditar que, usando a voz, estão pedindo que o cão faça algo, enquanto, na verdade, a posição de seu corpo está dizendo totalmente o oposto.

Para treinar o animal com êxito, você precisa deixar bem claro o que quer – quanto melhor for a comunicação, mais fácil e rápido será o aprendizado dele. Além da voz e da linguagem corporal, comunique-se com ele usando expressões faciais, tato, sinais com as mãos e, como veremos mais adiante, o clicker (p. 18)

Use sempre a mão que estiver mais próxima do cão para atraí-lo ou fazer sinais, para evitar confundi-lo.

Latir é sinal de alguma coisa

O latido, muitas vezes, é uma reação de um cachorro confuso ou frustrado. É o cão pedindo mais pistas do que você quer dele. Não fique insistindo na mesma ação, volte para a última etapa que ele entendeu. Então, dê-lhe mais algumas indicações do que você quer, cuidando para que os sinais sejam claros.

Linguagem corporal

Os cães respondem à sua silhueta, então tente manter uma postura clara. Use sempre a mão do lado mais próximo do cão para atraí-lo ou fazer sinais, em vez de passar a outra por sobre o corpo. Frequentemente, o animal não entende os sinais que você pensa estar passando para ele, então use a pista de algo mais sutil. Preste atenção em como sua movimentação afeta a do animal – avançar na sua direção o deixará inseguro para aproximar-se novamente. Curvar-se sobre ele pode ser ameaçador, principalmente para cães de porte pequeno ou filhotes, é melhor ajoelhar-se. E sempre lhe dê espaço suficiente para realizar o movimento que pediu.

Pontos-chave

- Um cão pode realizar um truque a partir de um comando de voz, de mão ou do corpo.
- O movimento que você usar no início para atrair o cão será a primeira pista visual.
- Quando ele conseguir fazer o truque seguindo apenas o sinal manual, acrescente o comando verbal que deseja usar.
- Use sinais verbais e visuais ao mesmo tempo, para que o cão os associe ao truque.
- Com a prática, ele será capaz de realizar truques a partir do comando verbal ou do visual.

Sinais manuais

Quando ensinar um truque, comece com movimentos amplos e reduza-os gradualmente. Isso torna os sinais mais claros e fáceis de entender. Se usar sinais manuais para orientar o cachorro em um truque, eles devem ser precisos.

Quando começar a ensinar um truque, faça sinais amplos, para depois refiná-los, até ficarem quase imperceptíveis.

Voz

Tenha cuidado ao usar comandos de voz para evitar confundi-lo. Palavras como "solta" e "volta" podem soar parecidas. Varie o tom da voz de acordo com o comando – mais alto para movimentos para cima e mais baixo, para baixo.

como usar o clicker

Se você conhece as técnicas tradicionais de adestramento, prepare-se para uma experiência nova, surpreendente, gratificante e divertida: o treinamento com o clicker.

E não fique tentado a considerá-lo um simples acessório – até os profissionais mais céticos adotaram o clicker depois de ver os resultados alcançados com ele. A técnica, a princípio, foi desenvolvida pela treinadora de golfinhos Karen Pryor e, desde então, tem sido muito usada no treinamento de cães. Mas por que dá tanto resultado?

1 O cão rapidamente aprende que ao ouvir um clique receberá uma recompensa.
2 Você pode indicar o exato comportamento que espera que ele repita.
3 O clique é sempre o mesmo, por isso é fácil para o cachorro entender o que significa.
4 O clicker torna-se uma ponte entre o comportamento do animal e a recompensa, pois indica que ele fez algo certo, mesmo se você

O treinamento com o clicker aumenta a autoconfiança e desenvolve as habilidades do cão.

O clicker

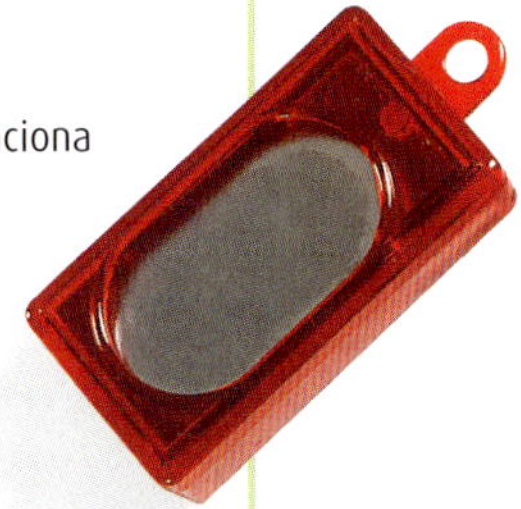

Este modelo de clicker é o mais encontrado (p. 11) e funciona pressionando a plaqueta de metal com o polegar e soltando-a no centro da caixinha, o que produz o "clique-clique". Mantenha o clicker na mão que estiver mais distante do cachorro e os petiscos na que estiver mais próxima. Assim, evitará fazer o barulhinho perto do ouvido dele.

não lhe der um petisco naquele momento. Um clique cria a expectativa da recompensa. Isso é inestimável, especialmente quando o cão está distante ou no meio de um movimento que você não quer interromper com um petisco.

5 Ele é incentivado a raciocinar e esforçar-se para fazer o que você quer em vez de aprender a fazer as coisas mecanicamente; assim ele vai curtir e participar ativamente das aulas. Este método estimula o cérebro do animal e o torna parte do processo de adestramento – o que deixa tudo mais agradável. Não existe punição, apenas a chance de tentar novamente, ou elogios por ter feito a coisa certa, o que lhe dá mais segurança. Até os cães mais tranquilos e tímidos, que normalmente não fazem nada na frente de pessoas estranhas, são capazes de se tornar artistas confiantes e receptivos com o clicker – e o sheltie na foto da página ao lado é um exemplo disso. Antes tão relutante, tornou-se o cachorro mais animado para se apresentar nas demonstrações de adestramento.

Cliques para truques

Todos os truques deste livro partem desta mesma sequência básica, que ficará cada vez mais fácil, assim que você e seu cão estiverem afinados.

ATRAIA o cão para que ele realize a AÇÃO ESPERADA para um truque.

CLIQUE!

PETISCO

PRATIQUE até ele começar a fazer os movimentos seguindo seus sinais, sem o uso de iscas.

Quando ele entender o truque, dê um COMANDO VERBAL.

CLIQUE!

PETISCO

PRATIQUE até que ele não precise mais dos sinais manuais e passe a realizar os movimentos apenas a partir dos comandos de voz.

Se quiser, faça também um sinal visual mais elaborado.

Clicar de maneira seletiva

Quando o animal entender que o clique sempre significa recompensa, você passará a ter uma gama de possibilidades nas pontas dos dedos. O clicker pode ser usado para "capturar" comportamentos espontâneos, como o ato de esticar a perna ou de sacudir a cabeça. Apenas aguarde que ele faça o movimento, dê um clique e um petisco, e logo ele tentará recriar aquilo que lhe rendeu um prêmio. Mas fique atento! Saiba que qualquer ação que ocorra no momento do clique ficará passível de ser reproduzida. Portanto, se ele receber um clique por abanar o rabo, mas estiver latindo no mesmo momento, pode ser que, sem querer, você o esteja incentivando a latir. Hábitos indesejados podem ser excluídos do repertório do animal simplesmente com a interrupção das recompensas.

Enquanto alguns se sentem mais estimulados por petiscos, outros são loucos por brinquedos.

Pontos-chave

- Quando começar a empregar o clicker, não pense que é necessário usar a voz também – o barulhinho já agradará o cão. Os comandos verbais são introduzidos mais tarde, pois a ideia é que apenas o movimento completo seja associado com o comando a ser usado.
- O clique sempre sinaliza uma recompensa – a maioria dos cachorros se esforça pela comida, mas jogar um brinquedo ou fazer festa e afagos também são muito bem-vindos.

clicar por um truque

Agora você já sabe o que é um clicker e sua utilidade. Melhor ainda, seu entusiasmo aumentará quando vir os resultados com os próprios olhos. Mas, antes de tudo, o cão deve aprender que o dispositivo é importante para ele também. Na hora, o barulhinho não terá muito significado para ele. Você precisará ensinar que o clique é legal e que vale a pena esforçar-se por ele. Partindo dessa sequência simples, mas crucial, o restante do adestramento será assimilado sem dificuldade.

1 Chame o cachorro e dê a ele alguns petiscos para que ele saiba que você os tem.

2 Segure o clicker em uma das mãos e o petisco na outra. Faça um clique e logo depois dê-lhe um petisco. Repita várias vezes pressionando o clicker quando o cão estiver olhando para você – logo, ele vai se animar toda vez que ouvir o barulhinho e ficará à espera da recompensa.

3 Você pode, então, jogar o petisco no chão. Faça o clique imediatamente antes de o cachorro comê-lo, e depois repita.

4 Agora, verifique se ele realmente entendeu que o clique equivale à recompensa. Dê um comando que ele já conheça, como "senta", dê o clique e recompense-o assim que estiver sentado. Afaste-se alguns passos – provavelmente, ele irá segui-lo atrás de mais petiscos. Diga mais uma vez para que se sente, faça o clique e recompense-o. Afaste-se mais um pouco, mas, desta vez, sem dizer nada – ele vai se aproximar e se sentar ao seu lado por iniciativa própria. Então, apenas faça o clique e dê-lhe um petisco.

lista de adestramento

À medida que testar os truques deste livro, você vai perceber que as coisas nem sempre saem de acordo com o planejado. Quando houver um contratempo, pare um minuto e leia a lista a seguir – provavelmente ela o colocará de volta no caminho certo.

- ☑ Um clique SEMPRE leva a uma recompensa pelo menos.
- ☑ Faça o clique assim que o cão começar a fazer de forma correta o que você pediu e depois o recompense.
- ☑ Use apenas petiscos que ele valorize bastante e em grande quantidade (p. 14).
- ☑ Faça o clique apenas uma vez quando ele fizer algo certo, mesmo que lhe dê um monte de petiscos.
- ☑ Dê-lhe tempo para executar por si mesmo o que foi pedido.
- ☑ Recompense-o a cada avanço. No início de um novo truque, faça o barulhinho quando ele conseguir fazer coisas de pouca dificuldade. Para fazê-lo girar, por exemplo, você deve começar clicando apenas porque ele virou a cabeça, depois, ele será capaz de dar uma volta completa, assim que entender o comando.
- ☑ Deixe-o na expectativa sobre quando e quantos petiscos irá receber. Embora as recompensas sempre valham a pena, às vezes, dê-lhe vários petiscos por ter feito algo muito bem e, eventualmente, peça que ele repita duas ou três vezes o movimento antes de premiá-lo.
- ☑ Não faça o clique invariavelmente ao final de uma ação, pois, assim, ele aprenderá a parar sempre naquele ponto. Em movimentos de girar, por exemplo, faça-o após ele ter feito metade da volta, e, outras vezes, após uma volta e meia.
- ☑ Você consegue aquilo que está sendo feito no momento do clique, por isso, cuidado para fazê-lo na hora exata.
- ☑ Tente coisas novas! O clicker é muito versátil e suas vantagens são descobertas experimentando comandos diferentes. Ele não é prejudicial, e qualquer hábito indesejável que o cachorro acidentalmente aprender poderá ser desaprendido.

passear

Quando o cão puxa muito a guia, você perde o equilíbrio e o controle. A maioria dos truques é feita sem seu uso, portanto, ele deve aprender a ficar perto de você e prestar atenção. Quando ele fica puxando o tempo todo e olhando para o outro lado não aprende muito. Com este exercício, ele entenderá que é muito mais gratificante ficar próximo e que, puxando a guia, tudo o que vai ganhar será uma dor no pescoço.

1 Quando ele puxar, pare e fique "plantado" no chão. Permaneça onde está e espere que ele pare e volte até você. Assim que a guia afrouxar, clique.

2 Imediatamente, ande em direção a ele, para ficar junto de seu animal, mantendo-o do seu lado esquerdo.

3 Quando vocês estiverem lado a lado, com a guia frouxa, dê-lhe um petisco. Repita o exercício diversas vezes – ele logo se posicionará ao seu lado na expectativa de outra recompensa.

4 Conforme ele vai entendendo melhor, comece a andar com o cão fazendo um grande círculo. Neste estágio, mantenha-o sempre do lado de fora do círculo, estando ele do lado esquerdo ou direito – assim, realizará o movimento mais naturalmente. Dê três ou quatro passos em ritmo acelerado e, se ainda estiver prestando atenção em você e sem esticar a guia, clique, pare e dê uma recompensa. Chame a atenção dele novamente para sua mão e repita o processo desde o início.

Pontos-chave

- Evite deixar a guia pendendo muito baixo quando seu cão estiver andando bem, para que nenhum de vocês tropece nela.
- Mantê-lo do lado de fora do círculo o estimulará a olhar para você, já que, na verdade, você estará sempre virando e se afastando dele.
- Especialmente com cachorros fortes, segure a guia com ambas as mãos, de modo que, partindo do animal, ela passe pela mão esquerda, atravesse diagonalmente seu corpo, terminando na mão direita. Isso lhe dará maior controle no caso de um puxão repentino.

Terapia da guia frouxa

O modo como o cão anda preso à guia tem muito a ver com a maneira como ele reage a diferentes situações. A guia apertada pode dar mais confiança a um animal mais agressivo, enquanto esse tipo geralmente fica hesitante com a guia mais frouxa. Apertada, ela pode deixar aflito um cachorro ansioso, pois ele sente não ter mais a opção de escapar de qualquer coisa de que tenha medo. Nesse caso, a guia frouxa o deixará muito mais confiante.

chamar de volta

Não faz sentido ter um cão que realiza truques fantásticos se você não for capaz de fazê-lo se aproximar quando chamá-lo. Para treinar e manter em segurança o animal, é preciso fazê-lo ir até você instantaneamente. Mas, para que ele deixe para trás as coisas incríveis que acabou de descobrir, é preciso convencê-lo de que algo melhor o espera.

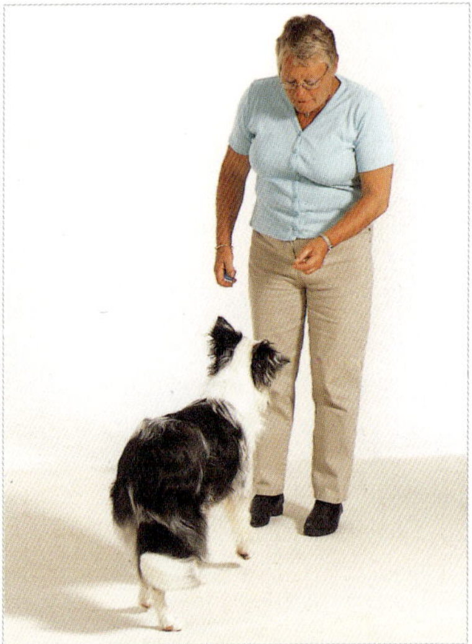

1 Quando ele estiver a uma pequena distância de você, chame-o pelo nome para obter sua atenção. Você pode balançar petiscos para atrair seu olhar. Quando ele olhar em sua direção, clique.

2 Seu cachorro já deve ter percebido que o clique significa que ele receberá um petisco, então irá até você para ganhar a recompensa. É tão fácil quanto parece.

Pontos-chave

- Chame-o pelo nome apenas uma vez, para manter o impacto. Diga com a voz animada, tendo consigo petiscos ou um brinquedo, como garantia de obter uma reação. Se você ficar gritando, sem que nada de legal aconteça, ele vai acabar "abstraindo" sua voz.
- Muitos cães não querem voltar para os donos, pois, quando finalmente retornam, são punidos. Isso apenas os ensina que ir até aquela pessoa é uma coisa desagradável.
- Outra razão para não voltar é ter o dono correndo atrás dele. Para um cachorro, isso é o mesmo que brincar de pega-pega. Se achar que é seguro, atraia a atenção dele e saia correndo – é bem provável que ele vá atrás de você.

3 Assim que ele se aproximar, recompense-o. Se ele hesitar em chegar perto, agache-se ou ande para trás. Com a tarefa completada, afaste-se um pouco, antes de chamá-lo novamente. Quando ele começar a chegar mais rápido e confiante, introduza o comando "vem". Diga o nome dele, dê o comando e, quando ele se aproximar, clique. Dê o petisco no momento em que ele chegar até você.

Aprendizado precoce

Ficar parado ou voltar são coisas que devem ser ensinadas desde a fase de filhote, pois é nessa época que os cães gostam mais de ficar com sua "matilha" humana. Escolha lugares onde não haja perigo e afaste-se do cãozinho enquanto ele observa. A curiosidade e a necessidade de restabelecer a confiança logo trarão à tona o que há de melhor nele.

sentar

Para fazer truques, o cachorro precisa ser ágil e capaz de passar de uma posição a outra facilmente, sobretudo se você deseja que ele realize uma sequência de movimentos. A base de muitos truques está no ato de sentar, portanto, assim como ele deve adotar essa postura quando solicitado, deve saber fazer isso a partir de qualquer outra coisa que esteja fazendo. Ensiná-lo a sentar-se a partir de qualquer posição será resultado de posicionar corretamente o focinho, uma vez que isso influencia a movimentação do traseiro. Com o focinho apontado para cima é mais fácil abaixar o traseiro.

1 Segure um petisco com a palma da mão para cima (p. 15), na altura do seu focinho, e chame-o para que ele se coloque na sua frente à distância de um braço.

2 Com um movimento firme e suave, gire a mão até que fique com a palma para baixo (p. 15), erguendo-a logo acima do seu focinho e em seguida movendo-a em direção ao rabo. O focinho apontará para cima e se inclinará ligeiramente para trás, o que fará com que o traseiro abaixe. Quando ele fizer o movimento para sentar-se, clique e, quando estiver sentado, recompense-o. Repita até ele compreender o movimento, depois introduza o comando "senta" logo antes de clicar.

Formas de sentar

Você sabia que a partir da posição em pé os cães podem sentar-se de duas maneiras diferentes? Naquela em que ele se senta "para a frente", ele mantém as pernas dianteiras paradas e leva as traseiras para baixo delas até encontrar as patas. Raças grandes e as que têm o andar duro, como o dobermann, o poodle e os terriers maiores, tendem a sentar-se "para trás", ou seja, mantêm fixas as pernas traseiras e levam as dianteiras em direção a elas e, depois, abaixam o traseiro.

3 O mesmo princípio é usado para fazê-lo sentar-se a partir da posição deitada. Primeiro, segure o petisco com a palma da mão para cima, próximo ao focinho.

4 Mova a mão para cima, com firmeza, para o cachorro levantar o focinho, e vire a palma para baixo até ele esticar o pescoço completamente.

5 Agora, leve a mão para cima e em direção ao rabo dele para que, com o objetivo de alcançar o petisco, ele tenha que se levantar e levar as patas dianteiras para trás, até sentar-se. Clique logo antes de ele chegar à posição e, assim que o traseiro encontrar o chão, recompense-o.

Pontos-chave

- Ao fazê-lo se sentar a partir da posição deitada, cuide para que ele não fique em pé no meio do movimento. O objetivo é que ele adote a posição num movimento único e suave.

- Quando ensinar este movimento, fique em pé, não agachado.

- Cachorros pequenos, quando solicitados a se sentar a partir da posição em pé, geralmente acham mais fácil andar para trás. Para corrigir esse hábito, divida o movimento, clicando primeiro apenas por ele ter erguido o focinho, depois quando a cabeça inclinar-se para trás, novamente quando o traseiro apontar levemente para baixo etc. Outra maneira é treiná-lo onde houver uma parede logo atrás dele, assim não terá como andar para trás.

levantar

Muitos truques que envolvem movimentos para trás ou ficar em pé sobre as patas traseiras exigem que o cão seja capaz de levantar-se sem dificuldade. Para andar para trás, ou ereto, fazer reverência etc., ele precisa ter patas traseiras fortes e saber posicioná-las com segurança. Ao ensiná-lo a levantar-se prontamente após o comando, tente fazê-lo dar o impulso com as pernas de trás, e não com as da frente.

Levantar a partir da posição sentada

1 Para ensiná-lo a se levantar, comece segurando um petisco com a palma da mão voltada para cima (p. 15), na altura do focinho.

2 Dê um passo para trás, mantendo o petisco na mesma altura e atraindo o cachorro em sua direção. Se a mão ficar muito alta, ele acabará se sentando, mesmo que já tenha começado a se levantar; se ficar muito baixa, ele irá se deitar.

3 Quando ele ficar em pé sobre as quatro patas, dê um clique e depois o petisco. Pratique até ele entender o movimento e, então, introduza o comando "levanta" logo antes de clicar.

Levantar a partir da posição deitada

1 Com ele deitado, induza-o a se levantar segurando um petisco com a palma para cima (p. 15), perto do focinho.

2 Como antes, dê um passo para trás, mas, desta vez, mova a mão em sentido diagonal para cima, a fim de atrair o focinho nessa direção. As patas traseiras seguirão o movimento conforme ele se levanta. Clique e dê o petisco. Quando ele começar a entender o que fazer, dê o comando "levanta" antes de clicar.

Pontos-chave

- O comando "levanta" deve ser muito diferente do "senta" e do "deita". Use tons de voz distintos para ordenar que ele se sente, se levante e se deite.
- O tom usado terá influência na posição que você quer que ele adote – alto é melhor para que ele se levante, médio para que se sente, e baixo para que se deite.

O auxílio das pernas traseiras

Tendo controle sobre o traseiro e sabendo posicioná-lo com precisão, o cão será capaz de movimentar com a mesma facilidade as duas extremidades do corpo. Uma forma de ensinar isso é fazer com que se levante dando um impulso com as pernas de trás. Com o cachorro sentado ou deitado, ponha a vasilha de comida no chão, abaixo do queixo dele, entre as patas da frente. Ele se levantará rapidamente a partir dos membros posteriores e ficará de quatro para conseguir comer o que está no recipiente.

deitar

Para truques como rolar (p. 78) ou fingir de morto (p. 82), é necessário que o cão saiba deitar sem dificuldade. Isso exige planejamento, boa comunicação e confiança, afinal você está pedindo que ele se coloque em uma posição muito vulnerável.

Deitar a partir da posição em pé

1 Com o cão de quatro, segure um petisco perto do focinho, com a palma da mão voltada para cima (p. 15).

2 Faça ele abaixar a parte anterior do corpo movendo a mão como se fosse colocá-la entre as patas da frente dele. Faça isso lentamente para que ele se incline para baixo até ficar na posição de reverência (p. 84).

3 Mantenha as mãos paradas a pouca altura e o traseiro dele se abaixará. Quando ele estiver quase na posição, clique, e, concluído o movimento, recompense-o. Repita até que ele faça tudo com facilidade. Diga "deita" e pratique – logo, ele deitará apenas com o comando verbal.

Pontos-chave

- Seja claro ao dar o comando – o "deita" não pode ser semelhante a nenhum outro.
- Pense se a superfície em que você pede que ele se deite é agradável. Pisos duros desestimulam alguns cachorros, sobretudo os desprovidos de pelos, de pele fina ou de ossos salientes, como os galgos e os lebréus.
- Se ele tende a andar para a frente quando induzido a se deitar, faça o clique inicialmente apenas por ele ter abaixado a cabeça. Você pode então trabalhar por etapas até que ele encoste a parte dianteira do corpo no chão.

Deitar a partir da posição sentada

1 Com o cachorro sentado, coloque-o na posição deitada atraindo-o para a frente e para baixo. Tente fazer que ele mova apenas as pernas dianteiras, deixando espaço suficiente para que elas se estiquem para a frente.

2 Quando ele não conseguir se esticar mais sem mover as pernas de trás, ponha o petisco no chão. Conforme ele se abaixa, dê o clique e a recompensa. Pratique e em seguida introduza o comando "deita".

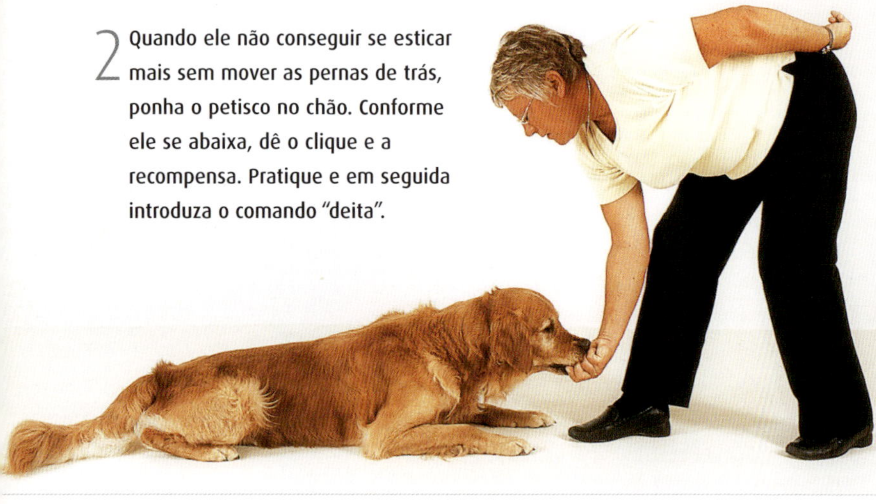

Três formas de deitar

Existem três posições deitadas distintas. A "aprumada" (figura da esquerda) é a que você pretende quando o cão precisa mudar de posição rapidamente. A "relaxada", quando ele se deita sobre um lado do quadril, com a frente do corpo (figura do meio). Há também a posição "estendida", usada para rolar (p. 78) e fingir de morto (p. 82), em que ele se deita esticado sobre um lado do corpo (inferior).

aprumada

relaxada

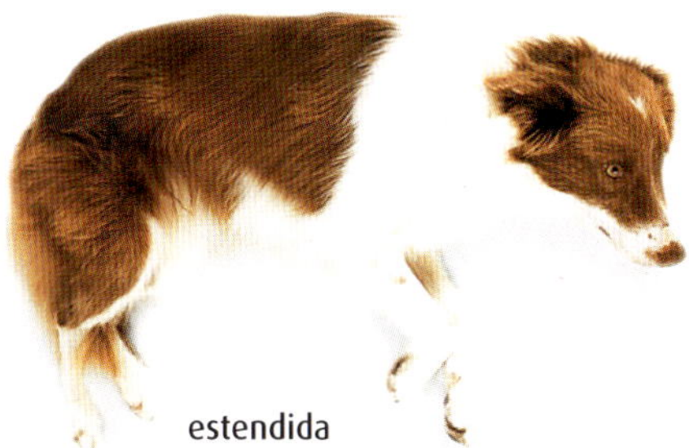

estendida

fica!

Muitos truques exigem que o cão fique parado em uma posição, por isso você deve ser capaz de dizer a ele para esperar onde está. Ensine o comando primeiro nas posições fáceis – sentado, deitado e em pé –, e, quando ele aprender, poderá aplicá-lo para os truques de pedir (p. 60), fingir de morto (p. 82) ou qualquer outra coisa que você desejar.

1 Comece chamando-o para perto e dando o comando "senta". Mas, em vez de clicar quando ele se sentar, aguarde dois ou três segundos – ele ainda sentado – e então faça um clique e dê um petisco. Agora, diga novamente para ele se sentar, mas desta vez espere cinco ou seis segundos. Isso o ensinará a ser paciente, e que receber o petisco não significa necessariamente que o exercício acabou. Depois que ele tiver acertado várias vezes, acrescente o comando "fica" dizendo "senta, fica".

2 Quando ele entender o que fazer, diga "senta, fica", mas, desta vez, distancie-se um passo dele. Se permanecer sentado, clique e volte para recompensá-lo.

Pontos-chave

- Se ele sair da posição ao ouvir o clique, mas antes de receber o petisco, ponha-o de volta na posição solicitada e dê o alimento. Não é necessário fazer o barulhinho novamente, pois você ainda está concluindo a combinação clique/petisco.

- Dar o petisco não deve ser sinal de que o exercício chegou ao fim, principalmente o de esperar. Para evitar isso, dê a ele uma quantidade variável de petiscos, assim ele permanecerá concentrado em você, para o caso de haver mais comida a caminho.

- Use uma palavra de conclusão como "pronto", indicando que o exercício terminou e ele já tem permissão para sair do lugar.

- Como você inicialmente ficará se deslocando em torno do cachorro enquanto ele espera, tente manter as mãos paradas e os movimentos controlados. Balançar os braços pode confundi-lo, parecendo sinais, e movimentos bruscos podem dar a impressão de um convite para brincar.

3 Agora, tente ligar o comando "fica" a outras posições, como a sentada ou em pé. Diga o comando correspondente primeiro e, então, "fica". Comece próximo a ele e vá aumentando a distância.

Em pé, sobre as quatro patas

Faça o cachorro ficar confortável enquanto espera na posição em pé. Ensine-o a ficar de quatro, com uma "pata em cada quina". Use um petisco para atraí-lo para a frente e para trás até as patas dianteiras ficarem alinhadas e as traseiras exatamente debaixo do corpo dele e alinhadas também, então clique e dê o petisco. Pratique até a posição ficar natural para ele. Aos poucos, ele adotará a postura por conta própria.

4 Aumente a distância de afastamento dando um passo para trás a cada repetição do exercício. Quando ele ficar satisfeito por você ter se afastado, mova-se para um lado e para o outro. Clique sempre que chegar ao ponto máximo de afastamento do cão e volte para perto a fim de recompensá-lo.

em posição, por favor

Ensinar o cão a ficar junto de você durante os passeios é muito importante. Treine-o a ficar bem perto de sua perna, com o corpo reto. A forma como ele acompanha seus passos também é importante. Ao ensinar a dar a volta atrás de você para chegar à posição "junto", ele aprende a pisar direito com as patas traseiras e a movimentar os membros separadamente da parte anterior do corpo, o que é fundamental para deslocamentos para trás, como andar de ré ao seu redor.

1 Comece com o cão virado para você, ligeiramente à sua esquerda. Fique com os pés juntos e segure um petisco na altura do focinho e próximo ao cão.

2 Com o pé direito fixado no chão, dê um passo para trás com o pé esquerdo e induza-o a se afastar, em direção à esquerda e pouco atrás de seu corpo.

3 A partir desta posição lateral, incentive-o a virar em sua direção e a fazer uma grande volta no sentido anti-horário atrás de você.

4 Torne o arco grande o bastante para que ele gire 180º, de modo que o focinho chegue logo atrás de sua perna esquerda. O que se espera é que ele mova as patas traseiras para a direita para alinhá-las com a cabeça. Assim que ele fizer isso, clique.

5 Leve o pé esquerdo para junto do direito para o cão avançar alinhado com sua perna. Logo que ele estiver ao seu lado, com o corpo reto, clique e dê o petisco. Repita o exercício voltando-se para ele e fazendo a sequência novamente. Acrescente o comando "junto" antes de clicar.

Pontos-chave

- Sempre comece este exercício com o animal à sua frente, pois isso facilita fazer a volta corretamente.
- Não faça o cão dar a volta para fora em relação a você - é importante que ele sempre vire em sua direção, reforçando a ideia de que deve ficar olhando para você.
- Depois de praticar bastante e inserir o comando "junto", experimente apenas segurar o petisco perto de sua perna, na posição que você deseja que o focinho dele chegue, e depois dê o comando. Ele deverá ajustar a posição do traseiro, ficando com o corpo reto e junto ao seu.
- Não se esqueça de treinar a sequência com os dois lados do corpo.
- Deixe espaço suficiente para o cão fazer a volta antes de retornar a seu lado.

desenvolver formas

Chegou a hora de ver se ele está concentrado em você e assimilando tudo o que foi ensinado até o momento. Tire a guia e façam alguns exercícios em diferentes direções, com ele cada vez de um lado de seu corpo e variando os trajetos. O cachorro deve permanecer atento e em posição. Além de mantê-lo concentrado, andar junto de maneiras distintas aumentará a elasticidade dele e a força dos quadris. Comece sempre pelo lado que ele achar mais fácil e percorram trajetos amplos. Com o tempo, vocês poderão fazer voltas mais fechadas.

Andar em círculos com o cão do lado de fora

Percorra círculos grandes com ele do lado externo. Siga em sentido horário quando ele estiver do lado esquerdo e anti-horário com ele do lado direito. Ande num ritmo vigoroso para mantê-lo interessado. Segure os petiscos numa posição que permita que a cabeça e o pescoço dele fiquem confortáveis e sem forçar o quadril para fora. Andar em círculos naturalmente faz seu cachorro voltar-se para você e o estimula a aumentar o passo para acompanhá-lo.

Ponto-chave

- Sempre comece um exercício circular andando bastante com o cão junto de você, clicando quando ele andar direito. Depois diga para ele parar e lhe dê um petisco.

Andar em círculos com o cão do lado de dentro

Caminhe no sentido anti-horário, com ele do lado esquerdo e vice-versa. Comece fazendo círculos pequenos para o cão não se afastar muito de você.

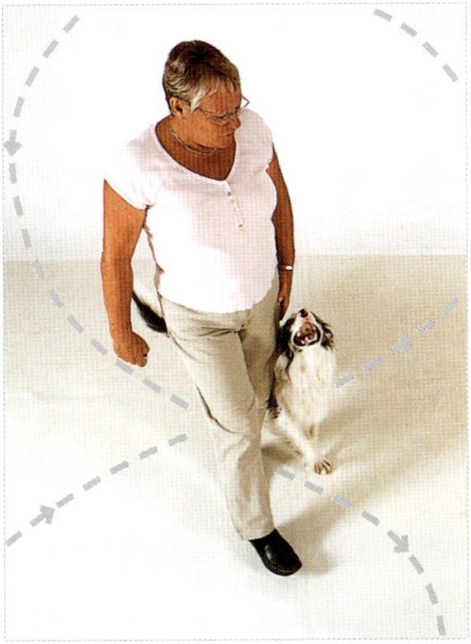

Andar em círculos com o cão dos dois lados

Pratique caminhar com o cão ao lado fazendo o "8". Assim, ele terá de se adaptar andando ora do lado de fora, ora do lado de dentro do círculo. Tente andar um pouco mais rápido quando ele estiver do lado de fora. O "8" pode ajudar – você pode usar os passos em linha reta quando fizerem o cruzamento para ele voltar à posição "junto" e recuperar o equilíbrio.

oi, tudo bem?

Este truque gracioso é rápido e fácil de ensinar, principalmente quando o animal prefere usar as patas à boca para pegar as coisas. O comando "dá a pata" é também a base para outros truques, como acenar (p. 56), marchar (quadro da página ao lado) e fazer o "toca aqui" (p. 64). Para não confundi-lo, diga algo como "pega", para indicar que ele pode apanhar a comida.

1 Com o cachorro sentado, ajoelhe-se na frente dele. Segure com firmeza um petisco perto do focinho dele, um pouco para o lado – ele virará ligeiramente a cabeça, tirando o peso de uma das pernas. Incentive-o a tentar pegar o petisco – quando a pata dele tocar sua mão, clique, abra-a e dê a recompensa. Repita várias vezes alternando as patas dianteiras. Adicione um comando verbal logo antes de clicar, como "toca" para a pata direita e "bate" para a esquerda.

2 Com um petisco em uma das mãos, mantenha a outra aberta em direção à pata que você quer que ele levante. Quando ele tocar esta mão com a pata, clique e dê o petisco. Repita dos dois lados.

3 Fique de joelhos, mas ereto, e peça ao cão que dê a pata. Ele não precisa necessariamente tocar sua mão – clique quando ele erguer a pata na posição esperada e então o recompense.

Marchando

Você pode fazer o cão marchar pedindo que levante uma pata de cada vez e, aos poucos, aumentar a velocidade. Se, no lugar de levantar a mão, você erguer o pé (primeiro um, depois o outro), você e seu amigo poderão até marchar em sincronia!

4 Com a prática, logo ele será capaz de cumprimentá-lo com qualquer uma das patas, na posição sentada, quando você mostrar a mão correspondente aberta para ele.

dar tchau

Para o cão acenar corretamente, é necessário apenas desenvolver o que ele faz ao dar a pata (p. 54). O movimento é o mesmo – você só precisa ampliá-lo e incentivar o animal a dar a pata em diversas alturas de modo a criar o aceno.

1 Comece pedindo-lhe que dê a pata, estendendo a mão e dando o comando de voz, como "toca" ou "bate". Treine várias vezes para criar confiança e agilidade.

2 Agora, quando ele erguer a pata e estendê-la em sua direção, leve a mão para cima, de modo que ele não a alcance. Ele provavelmente vai esticar a pata ainda mais para tocar você. Quando isso acontecer, clique e dê o petisco. Repita diversas vezes, cada uma clicando quando a pata dele chegar a uma altura diferente.

3 Aos poucos, atrase o clique para que ele tenha que esticar a pata em direção à sua mão uma vez e depois faça-o erguê-la mais baixo novamente, aí clique e recompense-o. Aguarde-o estender a pata duas vezes e então clique, e assim por diante. Acrescente "tchau" no final da sequência dos comandos para dar a pata, como "toca, toca, tchau", clique e dê o petisco. Conforme ele aprimora o movimento, comece a dizer apenas "tchau".

Pontos-chave

- Concentre-se em apenas uma pata da frente para este truque, com o cachorro sentado. Isso o estimulará a fazer o movimento de acenar, e não ficará trocando as patas o tempo todo para tentar alcançar sua mão.

- Não peça para ele erguer demais a pata. A maioria dos cães não conseguirá levantá-la acima da cabeça sem deixá-la cair para recuperar o equilíbrio. Para acenar direito, eles devem conseguir mantê-la fora do chão.

O cachorro começa como se fosse cumprimentar...

... mas continua a erguer a pata...

... dá um impulso para cima e repete o movimento para criar um aceno.

sacudir a perna

A maioria dos cachorros aprende a levantar a pata da frente sem dificuldade, mas... e a pata de trás? O exercício pode ser desenvolvido até virar um alongamento, uma marcha com as patas traseiras ou um treino para deixar a pata erguida! É ótimo para o animal ficar mais consciente dos membros posteriores, já que precisará mexê-los de forma independente. Também é muito útil no dia a dia, pois ele poderá erguer as patas quando quiser limpá-las após um passeio.

1 Com o cão de quatro, ajoelhe-se ou agache-se ao lado segurando um petisco próximo do focinho. Depois, leve a mão em que está o clicker até a pata traseira e toque-a delicadamente para estimulá-lo a erguê-la.

2 Assim que ele levantar a perna, clique e dê o petisco. Repita diversas vezes até o cão entender o que você quer que ele faça. Então, introduza o comando "pé" logo antes de clicar.

Pontos-chave

- Se ele não estiver muito a fim de levantar a pata, tente fazer cócegas entre os dedos dele. Muitos cachorros são hipersensíveis nessa região e vão rapidamente puxar a pata para cima.
- Caso ele ainda não tenha se convencido a erguê-la, pegue-a com a mão, clique e dê o petisco. Depois de repetir algumas vezes, ele deverá entender o que você está pedindo.
- Você pode ensiná-lo a marchar com as patas traseiras como fez com as dianteiras (p. 55). Alterne os comandos verbais para as pernas esquerda e direita – quando ele erguer uma e depois a outra, clique e recompense-o. Aos poucos, adicione mais passos antes de clicar e dar o petisco. Levante sua perna para trás quando der o comando verbal e logo vocês estarão marchando juntos.

3 Pratique o truque usando o comando verbal, retirando, lentamente, o toque na pata. Quando ele entender o que fazer, você pode tentar ficar em pé e simplesmente dar o comando. Depois, se quiser, faça toda a sequência novamente e ensine-o a levantar a outra perna usando um comando verbal diferente.

diga "por favor"

Pedir faz parte da vida de todo cachorro, mas, na verdade, poucos são capazes de executar esse truque. Primeiro, o animal precisa se equilibrar em posição ereta, o que servirá de base para outros truques como o "toca aqui" (p. 64) e andar sobre as patas traseiras (p. 68). Este exercício só pode ser ensinado a cães com mais de seis meses para não aplicar esforço excessivo sobre as articulações em desenvolvimento. Mesmo com adultos, cuidado para não repetir muito os truques desse tipo e não exija demais de seu animal tão cedo.

1 Com o cachorro sentado à sua frente, deixe espaço suficiente para que ele levante as duas patas do chão.

2 Segurando o petisco junto de seu focinho, mova a mão para cima e levemente em direção ao rabo para que ele incline a cabeça para trás. Isso fará que tire as patas anteriores do chão. Quando ambas se erguerem, clique.

3 Ele provavelmente voltará a colocar as patas no chão para se equilibrar – deixe que faça isso e recompense-o.

4 Repita o exercício pedindo que ele se erga um pouco mais alto a cada vez, para que encontre o ponto de equilíbrio. No início, clique quando ele permanecer na posição por um ou dois segundos e depois dê a recompensa. Assim que ele conseguir erguer as patas e sentar sobre os quadris com facilidade, introduza um comando verbal como "pede" ou "por favor".

Apoio

Cachorros novos ou de raças grandes tendem a ter dificuldade para se equilibrar nesta posição, assim, no início, ajude o cão, segurando uma pata – erga-a e leve o petisco acima da cabeça dele, fazendo que a outra também saia do chão. Pode ser que ele queira se segurar em sua cintura com as duas patas. Não há problema em começar assim, mas, depois, esse hábito deve ser retirado gradualmente. Faça isso segurando o petisco com a palma da mão voltada para baixo (p. 15) e o braço arqueado fora do alcance do animal.

Pontos-chave

- Se ele fica dando impulso para cima com as patas traseiras como se fosse ficar em pé sobre elas significa que você está pedindo que ele erga as patas muito alto. Não force tanto e clique antes.
- Experimente as posições de mão – palma para cima ou para baixo (p. 15) – para ver qual funciona melhor. Com a palma para cima geralmente é melhor para filhotes.
- Se ele inclina a cabeça para trás, mas não sai do chão, tente o comando "dá a pata" (p. 54) para ajudá-lo a compreender o movimento.
- Em truques como o de pedir, em que você fica bem perto da cabeça dele, tente usar um clicker mais silencioso para não perturbar a audição sensível do animal. Ou, então, segure o clicker mais longe ou abafe o som com alguma coisa.
- Cães pequenos costumam sair da posição sentada para a ereta sobre as patas traseiras com muita facilidade, por isso podem ser bem marotos na hora de manter esta posição. Não mova o petisco para muito longe do focinho e, se necessário, ponha a mão no quadril dele para dissuadi-lo de saltar.

toca aqui!

Comemore com estilo as conquistas caninas ensinando um "toca aqui" bacana. Essa ligação pata-mão simboliza o companheirismo entre você e seu melhor amigo, além de trazer bem-estar para ambos. Se ele já sabe dar a pata (p. 54) e pedir (p. 60), este é um truque rápido e comovente para ensinar.

1 Com o cachorro sentado, abaixe-se até a altura dele e peça que dê a pata (p. 54) estendendo a mão aberta. Quando ele tocá-la, clique e recompense-o. Repita algumas vezes para ele ir adquirindo confiança e agilidade.

2 Erga a mão, com a palma para a frente, fazendo o movimento do "toca aqui" e peça-lhe que dê a pata novamente. Assim que a pata dele encostar em sua mão, clique e dê a recompensa. Repita várias vezes e, depois, introduza o comando verbal "toca aqui" no momento em que o contato for feito. Clique e dê o petisco. Pratique até que ele atenda simplesmente ao comando verbal.

3 Faça o exercício com a outra pata até ele bater em sua mão naturalmente deste lado ao ouvir o comando.

4 Agora, levante-se e faça-o ficar na posição de pedir (p. 60).

Pontos-chave

- Não fique muito longe, para que, ao tentar alcançar sua mão, o cachorro não perca o equilíbrio.
- Ao começar a ensinar a posição com a mão levantada, faça-o pensar e trabalhar num bom ritmo. Assim, fica mais fácil para ele se adaptar à nova posição de mão de maneira instintiva, sem hesitar.

5 Com as duas mãos para a frente, dê o comando "toca aqui". Se ele tentar tocar ambas ao mesmo tempo, clique e recompense-o. Se ele não alcançar uma delas, mude sua posição para ajudá-lo e tente novamente. Pratique até chegar à perfeição.

em pé

Para alguns cães, sobretudo os pequenos, ficar sobre as patas traseiras parece ser muito natural, enquanto as raças maiores encontram maior dificuldade. Avalie se o tipo e a estrutura do animal são adequados a este truque, bem como a idade e a saúde. Se tiver menos de 1 ano, é melhor não pedir que fique em pé dessa maneira. Antes de começar, é importante que ele saiba dar a pata (p. 54), então pratique algumas vezes.

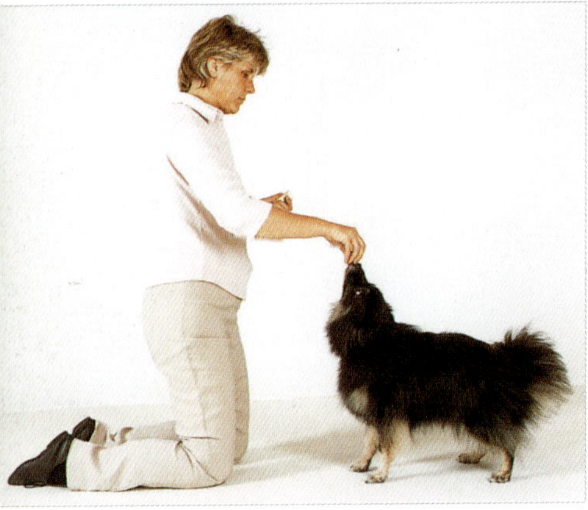

1 Segure um petisco na posição com a palma da mão para baixo (p. 15), atraindo-o para ficar de quatro na sua frente. Fique em pé ou ajoelhado, dependendo do tamanho do cachorro.

2 Peça que dê a pata e, quando ele fizer isso, mova o petisco para cima e ligeiramente para trás dele, para que o cão dê um impulso e fique sobre as patas posteriores. Quando as duas patas anteriores saírem do chão e ele ficar ereto, clique e recompense-o. Repita até ele entender o exercício.

Pontos-chave

- "As duas" é usado para pedir ao cachorro que erga as duas patas da frente a partir da posição sentada ou em pé.
- Muitos cães terão dificuldade em permanecer parados nesta posição, mexendo-se um pouco, principalmente no começo.

3 Aos poucos, vá aumentando a altura à qual ele erguerá as patas para melhorar o equilíbrio. Use um comando para ficar ereto, como "as duas". Com a prática, espere que ele mantenha o equilíbrio por um ou dois segundos antes de clicar e dar o petisco.

4 Se ele for pequeno, aguarde até adquirir segurança com o movimento antes de dar o comando para ficar ereto. Cães menores podem se sentir intimidados quando alguém se inclina sobre eles e não querer obedecer ao comando.

andar em pé

Se já souber ficar sobre as patas traseiras (p. 66), ele conseguirá dar alguns passos também. Muitos acham mais fácil dar um passo para trás e então levar a outra pata ao encontro da primeira. Tente ensiná-lo a ir para trás primeiro e, se ele pegar o jeito, tente movimentos para a frente e para os lados. Depois, você pode mudar sua posição para andar ao lado, e não mais de frente para ele.

1 Pegue um petisco ou brinquedo que ele adore e peça que fique ereto sobre duas patas.

2 Segure o atrativo no alto e ande em direção ao animal – ele será forçado a dar um passo para trás. Assim que ele mover uma das patas traseiras, clique e recompense-o.

Pontos-chave

- Clique quando ele der o passo de fato – ele associará a recompensa ao movimento e será mais fácil entender que a ação é contínua.
- A prática de exercícios com as patas traseiras deve ser breve. Truques desse tipo exigem concentração, força e equilíbrio, e ele se cansará rapidamente. Um cachorro cansado não é capaz de se divertir.
- Para ensiná-lo a andar para a frente, siga o mesmo processo, mas fique ao lado desta vez. Tente obter pequenos passos segurando o petisco ou brinquedo acima e um pouco adiante dele. Se você ficar voltado para ele e andando para trás com a isca na mão, ele tenderá a se lançar em sua direção e perderá o equilíbrio.

3 Quando o cão adquirir equilíbrio, peça por um segundo passo antes de recompensá-lo. Gradualmente, ele aprenderá a andar para trás conforme você se aproximar dele. Introduza o comando "de costas" logo antes de clicar para que ele ligue o comando ao movimento. Conforme ganhar força, agilidade e segurança, o cão começará a dar passos maiores e mais rápidos.

"toca aqui" em pé

Se você já tiver ensinado o "toca aqui" básico (p. 64) e ele já for capaz de ficar ereto sem perder o equilíbrio (p. 66), este truque será moleza. Em condições ideais, ele deve estar familiarizado com os comandos de voz, sem o uso de artifícios.

1 De frente para o cachorro, dê o comando para ficar ereto sobre as patas traseiras (p. 66).

Pontos-chave

- Não segure o clicker para este truque, uma vez que a mão fechada vai confundir o cão. Recrute um amigo para ajudá-lo, ou use um clicker de botão (p. 11) ou um sinal verbal, como "isso!", em vez de um clique.
- Se ele levar as duas patas juntas a apenas uma de suas mãos, aguarde até que as separe antes de clicar.
- Caso o animal esteja com dificuldade para fazer o exercício, pratique o "toca aqui" na posição sentada (p. 64).

2 Agora, diga "toca aqui" (p. 64) ao mostrar as palmas das mãos. Ele então deverá se esticar e tocá-las com as patas. Assim que uma das patas encostar em sua mão – e desde que a segunda esteja quase tocando a outra –, clique e recompense-o. Depois, pratique até que ele alcance uma mão com cada pata todas as vezes.

fazer o giro

Este truque fica incrível quando realizado com fluidez, por isso, aumente a dificuldade aos poucos – ter pressa resultará em um movimento truncado ou um cão hesitante.

1 Em pé ou ajoelhado em frente ao cachorro, peça que fique ereto sobre as patas posteriores. Segure um petisco com a palma da mão para baixo (p. 15) acima dele. Faça círculos com o petisco usando apenas o punho, para que ele tenha que virar a cabeça para olhá-lo.

2 Continue fazendo o movimento circular para que ele tenha que virar o corpo para acompanhar a cabeça e, assim, dar um passo. Clique no momento em que ele mover uma pata traseira e dê o petisco.

Pontos-chave

- Use a mão direita para fazer o giro no sentido horário e a mão esquerda para girar no sentido anti-horário, para que o cão identifique a direção certa a partir do braço usado e consiga realizar livremente o giro.
- É importante que haja bastante espaço para o cachorro aprender o giro. Desse modo, ele não ficará com medo de bater em alguma coisa enquanto realiza o movimento.
- Ensine-o a girar primeiro para o lado que o cão achar mais fácil. Depois que ele tiver aprendido a girar bem de um lado, ensine-o a girar do outro.

3 Continue fazendo a mesma coisa até ele completar um círculo em pequenos passos. Quando ele assimilar o movimento, aumente o número de passos a serem dados antes de fazer o barulhinho e dar o petisco e, então, acrescente o comando "gira". Assim que ele tiver completado um giro de uma só vez, espere para clicar até que ele chegar a uma volta e meia, depois duas, e assim por diante para criar uma pirueta contínua.

faça-o rastejar

Este truque pode ser realizado de diversas maneiras divertidas, com o cachorro se arrastando atrás de você, por exemplo. A posição correta para atraí-lo é essencial e requer que você compreenda os efeitos dos mínimos movimentos de sua mão sobre a postura dele. Rastejar exige agilidade e elasticidade, portanto, é importante que ele esteja fisicamente apto para o truque. Ensine este antes do exercício de rolar (p. 78), senão ele passará a maior parte do tempo com as pernas para o ar, em vez de se arrastar pelo chão.

1 Sente-se no chão com a parte de trás dos joelhos sobre o cão na posição deitada aprumada (p. 43), em ângulo reto em relação a você. Tenha um petisco na mão voltada para ele e atraia-o pelo túnel formado por suas pernas, repetindo o comando "deita". Clique enquanto ele se desloca sob seus joelhos e recompense-o quando sair. Pratique várias vezes.

Como atraí-lo

A posição e a movimentação da isca são fundamentais para este truque, pois determinam como o animal deslocará o corpo. Se o petisco ficar muito baixo, ele vai dobrar as patas, virar a cabeça e levantar os quadris. Mover o petisco muito rápido vai fazê-lo saltar, e, muito devagar, o deixará frustrado por não conseguir nada com isso e não entender o que você quer, uma vez que não está lhe dando nenhuma orientação.

2 **Com o cachorro na posição deitada aprumada, fique de frente para ele e segure o petisco contra o focinho, que deve ficar entre 5 e 7,5 centímetros do chão.**

3 Afaste o alimento com firmeza, repetindo o comando "deita", até ficar a uns 15 centímetros dele. Assim que o cão avançar, permanecendo no chão, clique e recompense-o. Pratique e, quando ele tiver entendido o que fazer, introduza o comando "rasteja" ou "arrasta" após alguns "deita". Por exemplo: "deita, deita, deita, rasteja". Clique e dê o petisco.

4 Aumente a distância pela qual ele rasteja clicando e dando petiscos a cada duas vezes que ele se arrastar, depois três, e assim por diante. Assim que ele assimilar o movimento e rastejar por uma distância maior, elimine o comando "deita". Quando ele atender apenas à palavra "rasteja", tente ficar em pé ou se mexendo para aprimorar o truque.

Pontos-chave

- Cachorros grandes podem não conseguir rastejar de fato, mas ficarão com a parte da frente abaixada e o traseiro para cima.
- Se o cão tiver problemas nas articulações, não será capaz de fazer este truque – assim, procure treinar outros exercícios que sejam mais adequados à condição dele.
- Caso ele pareça hesitante, verifique a superfície sobre a qual você quer que ele se arraste – se for fria, áspera ou escorregadia, será incômoda para o cão.

rolar

Este movimento será a base para o "morto" (p. 82), portanto vale dedicar um tempo para deixá-lo bem natural. A superfície do piso deve ser confortável para que o cão não hesite em realizá-lo. Muitos aprendem a rolar com facilidade e ficam muito animados, aproveitando qualquer oportunidade para fazê-lo. Quando seu amigo pegar o movimento, limite os treinos e intercale com outros truques.

1 Ajoelhe-se e posicione o cão na posição deitada aprumada (p. 43) de frente para você. Segure um petisco próximo ao seu focinho na posição com a palma para cima (p. 15).

2 Faça-o virar o focinho em direção ao ombro mudando para a posição com a palma para baixo e curvando o braço sobre a cabeça dele. Se quiser que ele role para a esquerda dele, use a mão direita. Continue virando o focinho dele para o lado e para cima até a altura do ombro. Ele acabará perdendo o equilíbrio.

3 Em algum momento, ele inevitavelmente se deixará cair para o lado na posição estendida (p. 43). Clique quando ele estiver se virando e recompense-o quando a cabeça dele tocar o chão.

4 Agora, repita o procedimento anterior para atraí-lo, movendo a mão no sentido horário para virar a cabeça para o lado e depois para o ombro. Desta vez, o movimento da cabeça forçará o traseiro a ir junto, então ele rolará para o outro lado. Assim que o corpo dele começar a virar para o outro lado, clique. E, ao ficar estendido, dê o petisco.

5 Estimule-o a ficar na posição deitada aprumada segurando o petisco na altura do focinho e levando-o em direção às patas. Quando ele se posicionar, leve o alimento até você. Pratique diversas vezes e depois tente fazê-lo rolar em um único movimento, sem parar nas posições estendidas. Na hora certa, use o comando "rola" antes de clicar e dar o petisco.

Para ganhar confiança

O cão precisa gostar de deitar antes de tentar qualquer um desses movimentos avançados no chão. Se ele resiste a se deitar quando solicitado é porque se sente inseguro e vulnerável e precisa adquirir confiança em relação ao treinador. Pratique em um ambiente tranquilo e confortável para deixar os exercícios divertidos e naturais.

Lembre-se de que não existem "erros" no adestramento com o clicker – as sessões devem ser sempre positivas. Quando fizer o "rola" com um cachorro ansioso, pratique os passos 1 a 3 a fundo, antes de tentar a volta completa até a posição inicial.

Pontos-chave

- Cuide para usar a mão correta para atraí-lo ou acabará num verdadeiro nó e com um cachorro confuso!

- Clique quando ele rolar, mas sem passar do ponto de retorno. Dessa forma, você recompensará o movimento e ele conseguirá fazê-lo por completo.

- Se ele achar difícil rolar da posição estendida para o outro lado, ajude-o no começo levantando a pata dianteira que estiver mais próxima do chão.

morto!

Para que o truque seja bem executado, o cachorro deve cair instantaneamente no chão e lá permanecer imóvel. Você pode, então, detalhar o movimento o quanto quiser. Antes de começar, veja se ele sabe deitar (p. 40), esperar (p. 44) e rolar (p. 78) bem. Para se fingir de morto, alguns elementos desses truques serão necessários.

1 Peça para ele rolar e, quando estiver na metade do caminho, diga "fica". Assim que parar onde está, clique e recompense-o. Pratique e, aos poucos, vá aumentando o tempo que ele deve permanecer parado antes de você clicar e dar o petisco.

2 Para ensiná-lo a manter as patas para cima ou para fora, peça que lhe dê a pata (p. 54) e estenda a mão para ele tocar. Clique quando a perna dele se esticar até o ponto certo e recompense-o. Desenvolva gradualmente até ele aprender a permanecer com as patas nessa posição.

3 Ou, então, pratique a posição estendida (p. 78). Clique logo antes de ele rolar ou assim que tiver rolado até ficar estendido. Dê o petisco quando a cabeça dele tocar o chão. Adicione o comando "morto" antes de clicar, assim que ele souber a posição que você quer dele.

Pontos-chave

- Desenvolva aos poucos os comandos usados neste truque para aumentar a velocidade com que o cão se joga no chão. Comece dizendo "deita, rola", depois "rola, fica", antes de passar para "morto, fica".
- Para que ele feche os olhos, esfregue de leve a região entre eles. Clique assim que ele os fechar e tente aumentar o tempo que fica assim atrasando para pressionar o clicker. Se estiver ensinando pela maneira estendida, ponha-o na posição e mantenha-o assim. Quando ele começar a fechar os olhos, clique e dê o petisco.

4 Comece a partir da posição em pé, sobre as quatro patas. Quando ele fizer com alegria este movimento, introduza um sinal de mão usando o indicador e o dedo médio...

5 ... para um efeito dramático completo. Com a prática, você poderá eliminar o comando verbal e usar apenas o sinal da mão.

fazer reverência

Todo artista de talento sabe incentivar as palmas do público ao encerrar o espetáculo. Finalizem seus truques com estilo, com uma reverência. Vocês podem fazer um para o outro ou ambos para a plateia. Para criar o movimento, o cão deve começar como se fosse deitar e, depois, manter a posição antes de abaixar o traseiro.

1 Com o cachorro de quatro na sua frente, segure um petisco diante do focinho dele com a palma da mão voltada para cima (p. 15).

2 Mova o alimento em direção a ele e para baixo, num ângulo de 45º, como se fosse levá-lo para entre as patas dianteiras. Tente fazer o focinho inclinar-se para baixo e para trás, estimulando-o a abaixar a parte anterior do corpo. Assim que ele se curvar, mesmo que de leve, clique e dê o petisco antes que ele se deite completamente.

Abordagens alternativas

Se o cão faz a posição deitada com facilidade e você usa o clicker sem problemas, este truque pode ser ensinado de maneira diferente. Simplesmente recompense a parte em que ele se curva sobre as patas da frente, dizendo a ele para deitar e clicando antes de ele abaixar o traseiro. Outra opção é "capturar" o ato natural de espreguiçamento – aguarde até que ele se levante e espreguice, e clique quando ele fizer o movimento desejado.

3 Aprimore o exercício atrasando o clique um pouco mais a cada vez, de modo que ele vá se abaixando um pouco mais. Ele vai acabar se apoiando nos cotovelos ao mesmo tempo em que mantém o traseiro levantado. Quando o cão conseguir fazer isso, introduza o comando "obrigado", depois clique e dê o petisco. Pratique até ele associar o comando ao movimento.

4 Agora, pratique o truque com você ereto sobre os joelhos e depois em pé. Se o cachorro for capaz de executar o exercício apenas sob o comando verbal, vocês podem então tentar reverenciar um ao outro ou, ficando lado a lado, saudar o público.

Pontos-chave

- O tempo certo é fundamental – você deve clicar quando ele inclinar a parte da frente antes de abaixar a de trás. Caso contrário, se ele passar do ponto de retorno, achará que está sendo recompensado por se deitar.

- Para este truque, o animal precisa ter as costas flexíveis, portanto, treine-o aos poucos para garantir que ele esteja fisicamente apto para isso.

- Embora o comando "obrigado" seja mais sonoro e combine com o movimento, você pode usar um termo mais curto, que facilite o entendimento do cão, por exemplo, "grato".

- Caso ele insista em se deitar, divida o truque em etapas menores. Primeiro, com pequenos movimentos da cabeça e do pescoço, clicando para ele abaixar o focinho, depois a cabeça, e assim por diante.

esconder o rosto

Este truque se baseia no ato espontâneo dos cães ao limpar a face, assim você terá que descobrir algo que provoque a mesma reação para realizar o movimento. Alguns cachorros têm a região do focinho e dos bigodes muito sensível, portanto, um toque de leve pode bastar. Outros necessitarão de mais estímulo, como um pequeno papel adesivo grudado no pelo. Use apenas coisas fáceis de sair, que não machuquem ou apavorem o animal, nem atrapalhem a respiração.

1 Com o cão sentado à sua frente, coloque o item escolhido delicadamente no focinho. Aqui, a alça da guia é colocada com cuidado ao redor do focinho.

2 Dê o comando "fica" (p. 44) e afaste as mãos dele lentamente. Tenha o clicker e o petisco a postos, então diga que pode sair da posição, assim ele tentará retirar a guia do focinho.

3 Quando ele levantar a pata para tirá-la, clique e recompense-o. Continue clicando a cada vez que ele esfregar a pata até a guia sair. Repita até ele assimilar o movimento e dê o comando verbal, que pode ser "limpa" ou "rosto", e depois clique. Pratique até que ele faça o exercício apenas pelo comando verbal. Aumente o tempo em que ele mantém a pata em posição retardando o clique ou dizendo "fica", para ele esperar.

Pontos-chave

- Caso o cachorro tenha dificuldade, tente ensiná-lo a partir da posição deitada (p. 40). Suas patas estarão mais perto do focinho, o que pode facilitar o movimento.

- Quando ele estiver confiante ao fazer o truque, você pode combiná-lo com outros, como o de pedir (p. 60) ou o de reverência (p. 84), para criar algumas sequências divertidas.

Esconder-se usando duas patas

Para ensiná-lo a levar as duas patas simultaneamente até a face, ponha-o deitado. Depois, passe delicadamente um alimento macio em cada lado do focinho. Permita que ele esfregue para limpar a região, clicando assim que ele erguer cada uma das patas, depois, recompense-o. Quando ele assimilar o movimento, use um comando verbal diferente do usado para uma única pata, como "cadê?".

arremessar e abocanhar

Este truque tradicional é surpreendentemente difícil de ensinar. O cão deve ter boa coordenação olho-boca, que só será adquirida com a prática. O ideal é ensinar primeiro o comando "fica" (p. 44), para que o cão fique parado enquanto você põe o objeto sobre o focinho e ele aguarda o seu sinal. Embora possa ser ensinado com um petisco, dá mais resultado com um objeto plano, como uma tampa plástica, por exemplo. Isso evita que ele coma muitos petiscos antes de concluir o movimento. Além disso, o alimento poderia incentivá-lo a cortar etapas, deixando o petisco escorregar convenientemente pelo focinho!

1 Primeiro, ensine-o a pegar. Fique a alguns passos dele, chame sua atenção e então jogue um brinquedo ou petisco para ele apanhar. Se o cão conseguir, clique e dê a recompensa. Caso contrário, jogue mais uma vez. Lance com precisão e continue treinando até que ele pegue mais do que deixa cair. Então, introduza o comando "pega".

2 Com o cão esperando sentado (p. 44), equilibre o objeto cuidadosamente sobre o focinho – não deve interferir na visão. Diga "fica". Após um ou dois segundos, clique e volte para ele. Retire o objeto e recompense-o.

Pontos-chave

- Objetos planos são mais fáceis para o cão equilibrar, jogar e pegar. Eles também não devem ser muito pesados.
- Escolha algo não muito pequeno, de modo que ele consiga enxergá-lo, mas também não tão grande que tape a visão dele. Do contrário, ele irá tirar o objeto do focinho ou terá que abaixar a cabeça para ver você.
- Quando colocar o objeto sobre o focinho, não fique em pé, para que o cachorro não vire a cabeça para cima a fim de olhá-lo.

3 Coloque o objeto sobre o focinho dele e incentive-o a jogá-lo para cima. Ensaie a ação de jogar e diga "pega". O que se pretende é que ele jogue o focinho para cima o suficiente para lançar o objeto. Clique e recompense-o.

4 Continue praticando até ele conseguir pegá-lo, depois clique e dê a recompensa. Se ele não estiver entendendo, jogue para ele alguns brinquedos ou petiscos antes de tentar equilibrá-los no focinho. Com a prática, ele ligará uma coisa à outra.

cara a cara

Você pode ensinar movimentos que, quando reunidos, viram praticamente uma coreografia, como andar junto com música. É muito legal e ótimo para manter a forma física de ambos. Para manter a sincronia, ele deve aprender a olhar para você quando fizer o próximo sinal, mas não tão perto quanto num treinamento de obediência. O comando "na frente" deixa o cão concentrado e, ao mesmo tempo, em movimento.

1 Segure alguns petiscos em uma das mãos, o clicker na outra, ambas na altura da cintura, de modo que os cotovelos fiquem em ângulo reto. Quando notar os petiscos, o cão irá até você. Quando estiver a alguns passos e parar bem reto, clique.

Exercitar o lado difícil

Observe para determinar a partir de qual direção da abordagem o animal tende a se colocar numa posição mais reta, uma vez que muitos cães têm um lado mais "fácil". Depois, exercite o lado oposto para desenvolver a flexibilidade e equilibrá-los.

2 Em vez de dar um petisco, jogue-o para o lado a uns dois metros de você. O cachorro irá até lá para pegá-lo.

3 Depois de comê-lo, ele irá até você esperando mais. Ao fazer isso, ficará olhando para o seu rosto ou para as suas mãos.

4 Pode ser que ele pare em ângulo reto em relação a você ou gire o corpo e pare em pé na sua frente. Quando ele ajeitar o traseiro, ficando de frente para você, clique. Então, jogue o petisco para o outro lado para repetir o exercício. Aos poucos, aguarde mais tempo para fazer o clique a fim de fazê-lo adotar uma posição mais reta e voltar mais rapidamente.

5 Repita até ele entender que o importante é a maneira pela qual ele volta até você. Depois, tente virar 90º em relação a ele a cada vez que jogar a recompensa. Isso o forçará a virar para ir até você e se colocar na sua frente. Assim que ele fizer isso direitinho, diga o comando "na frente" logo antes de clicar e dar a recompensa.

Pontos-chave

- Concentre-se em fazê-lo voltar para você, colocando as patas dianteiras na sua frente e habilmente ajustando a posição das traseiras para endireitar o corpo dele e desenvolver a consciência em relação às partes anterior e posterior do corpo (p. 39).
- Use um lugar onde o piso esteja limpo para que o cachorro encontre facilmente a recompensa e não se depare com nenhum outro atrativo. Logo ele perceberá que você é a melhor fonte de recompensa.

para o lado

A posição "na frente" (p. 92) pode ser desenvolvida para o passo lateral. Recapitule-a e depois comece o passo lateral seguindo um ritmo. Se puder, dê um passo para o lado, passe a outra perna na frente da primeira e dê outro passo. Após três passos para o lado, dê um chute no ar e mude a direção.

1 Primeiro, pratique o exercício como se você fosse um relógio para auxiliar o cão a distinguir os movimentos das patas dianteiras e traseiras. Você é o centro e o animal é um dos ponteiros. Comece em posição de duas horas e, quando der o comando "na frente", gire para ficar em quatro horas.

2 Tente fazer com que ele dê grandes passos laterais com as patas traseiras. Clique nos melhores e recompense-o. Agora, passe para seis e oito horas, e depois tente fazer tudo no sentido anti-horário. Observe qual direção é mais fácil para ele.

Pontos-chave

- Os cães tendem a preferir um lado. Do lado mais fácil, eles vão passar uma perna traseira na frente da outra, mas, do outro (geralmente o direito), eles vão dar o passo, mas sem cruzar a outra perna. Treine todos os movimentos regularmente nas duas direções.
- Faça o exercício com uma música alegre e um molejo no passo para ajudar a manter o ritmo e deixar tudo mais divertido.
- Clique de preferência quando as patas traseiras estiverem alinhadas com o centro do corpo e dê os passos laterais de maneira decidida e animada para incentivá-lo.

3 Dê um passo para o lado que ele tiver mais facilidade. Diga "na frente", com as mãos posicionadas da mesma maneira que para o exercício da página 92. Quando ele cruzar uma perna traseira na frente da outra, clique e recompense.

4 Repita até ele conseguir passar uma perna na frente da outra. Peça dois passos antes de clicar e dar o petisco. Conforme ele for se aperfeiçoando, aumente aos poucos o número de passos e a velocidade, e comece a mudar a direção.

girando o pião

É fundamental ensinar este movimento com a mão correta para cada lado para que o cachorro mantenha-se movendo para a frente e girando. Ele se deslocará para a frente para o giro e sairá dele voltado para a direção correta de modo a continuar para a frente. Você também poderá indicar em qual direção ele irá conforme a mão que usar.

1 Com o cão em pé, de frente para você, segure um petisco diante do focinho dele com a mão direita. Faça com que vire a cabeça para a direita, levando o alimento em direção ao ombro dele. Quando ele fizer isso, clique e recompense-o.

2 Agora, atraia a cabeça do cachorro ainda para mais longe, em direção ao rabo, até ele dar um passo com a pata da frente. Então, clique e dê o petisco.

Pontos-chave

- Tendo completado a volta, incentive-o a ficar rodando, deixando para dar o clique após uma volta e um quarto, duas voltas, e assim por diante.
- Ensine o exercício na direção contrária, usando a mão oposta e um comando diferente – "roda" no sentido horário e "vira" no anti-horário.

3 Desta vez, force um pouco mais, atraindo o focinho além da posição do rabo para que ele tenha que andar com as patas da frente e de trás. Assim que ele passar da metade, clique. A partir daí, ele tenderá a continuar o movimento até voltar a ficar de frente para você e, portanto, receber a recompensa. Quando ele se colocar nessa posição, e com o corpo alinhado, dê o petisco.

4 Repita até ele ser capaz de fazer o círculo completo, clicando na metade e recompensando-o ao voltar-se para você. Logo, você poderá eliminar a isca e usar apenas a mão. Acrescente o comando "roda", por exemplo, antes de clicar e dar a recompensa. Em pé, diga "roda" e, sem o sinal de mão, o cachorro vai rodar sem sair do lugar.

passar em torno

Este exercício serve como base para outros, como rodear uma perna (p. 110) ou uma baliza (p. 122), e ajuda a preparar o cachorro para truques mais complicados, como trançar por entre suas pernas (p. 114). Para que ele o rodeie com facilidade, você deve ser capaz de transferir o atrativo usado de maneira rápida e tranquila entre as mãos. Se você hesitar ou se atrapalhar, ele perderá o ritmo e ficará distraído ou confuso.

1 Antes de treinar com o animal, pratique passar o petisco de uma mão para a outra, pela frente e por trás de seu corpo, e nos sentidos horário e anti-horário. Depois, comece com o cão parado junto de sua perna esquerda (p. 48). Segure o petisco e o clicker com a mão direita e atraia-o levando-o a passar pela sua frente e pelo seu lado direito.

2 Faça-o passar por trás de você e, calmamente, passe o atrativo para a outra mão, mantendo o cachorro em movimento.

Mantenha sempre um clima positivo

Regule a duração das sessões de acordo com o ânimo do cachorro. Se ele estiver se divertindo, continue, mas cuide para terminar o treinamento enquanto as coisas estiverem indo bem – assim, ele ficará animado para voltar e fazer mais. Do contrário, ficará confuso, aborrecido ou cansado. Então, mude para um truque que ele conheça bem, faça-o uma vez e recompense seu amigo. Dessa maneira, você dará um bom encerramento à sessão e, quando ambos estiverem descansados, poderão voltar ao exercício difícil que estavam fazendo.

3 Assim que o cachorro estiver seguindo sua mão esquerda por este lado, clique.

Pontos-chave

- Se achar difícil ficar trocando o atrativo de mão, segure um em cada uma delas.
- Para este tipo de movimento, usar um brinquedo pode ser melhor e mais fácil do que um petisco, desde que o cachorro reaja bem a ele.
- Ensine o exercício na direção oposta também, fazendo a sequência de mãos contrária. Adote um comando diferente para que o cão entenda para qual lado você quer que ele vá.
- Com um cachorro pequeno, pode ser mais fácil ensinar o movimento estando ajoelhado.
- Uma vez que esteja andando ao seu redor corretamente, você pode incrementar o truque girando na direção oposta à dele simultaneamente.

4 Leve-o de volta à posição inicial, ao seu lado, para completar o círculo, e dê o petisco. Repita a sequência duas ou três vezes, cada uma clicando depois de transferir a isca para a outra mão, mas recompensando-o em diferentes pontos do círculo, não apenas quando estiver junto. Agora, dê o comando verbal "torno" e, aos poucos, pare de usar o petisco ou brinquedo, fazendo apenas os movimentos com as mãos para orientá-lo. Quando ele aprender o comando verbal, você poderá ir eliminando os sinais com as mãos, se quiser.

o círculo mágico

Este truque faz parecer que o cachorro está ligado a você por uma corda invisível. Já sabendo andar em torno e junto de você (p. 100), agora ele terá que aprender a fazer isso um pouco mais afastado. Um cercadinho (p. 12) é muito útil, pois cria uma barreira real que permite ver do outro lado, e pode ser ajustado em vários tamanhos e formas.

1 Monte o cercadinho como um círculo grande e fique dentro dele. Caminhando pelo perímetro e segurando a recompensa, faça-o seguir você pelo lado de fora. (Para círculos maiores, use dois cercadinhos.)

2 Assim que ele começar a andar, jogue petiscos um pouco à frente dele de tantos em tantos passos. Quando passar a se deslocar bem para apanhar os petiscos, clique logo antes que os pegue. Faça vários circuitos como este e depois dê o comando "por fora" antes de clicar e jogar a recompensa.

3 Depois que ele assimilar o comando, tente ficar girando no meio do cercadinho. Dê o comando de voz, clique conforme ele anda, lançando petiscos adiante dele para manter o movimento. Quando o movimento ficar natural, varie a quantidade de alimento – depois de meio círculo, clique e recompense-o, depois, repita após um círculo e meio, dois etc. Isso fará o cachorro continuar o exercício até que você diga o contrário.

4 Quando ele fizer o movimento apenas sob o comando de voz, tente realizá-lo sem o cercadinho. Mantenha-o afastado clicando sempre que ele estiver no ponto mais distante e jogando um petisco. Se o cão continuar se aproximando, lance um petisco longe para que ele vá atrás, então clique antes que o alcance.

Pontos-chave

- Não se preocupe se jogar o petisco longe, desde que seja na frente do cão, já que logo ele voltará a percorrer o círculo.
- Caso ele insista em ficar perto depois de o cercadinho ter sido removido, monte-o novamente e pratique um pouco mais.
- Treine o truque nas duas direções, dando um comando diferente para cada uma.

Girar ao contrário

Aprimore o truque andando você mesmo em círculos, na direção oposta à do cachorro. No início, espere até que ele tenha acabado de sair de sua linha de visão para o lado e percorra meio círculo. Repita até conseguir fazer círculos completos sem distrair o animal.

por entre as pernas

Além de ser flexível e capaz de se movimentar bem para executar alguns dos truques mais complexos, o cão deve acreditar que tem um dono cuidadoso e que pode contar com ele. Este truque ajuda a estabelecer a confiança mútua e desenvolve a elasticidade.

1 Com o cão em posição de espera (p. 44) na sua frente, fique com as pernas afastadas o suficiente para que ele passe por entre elas confortavelmente. Deixe um petisco no chão entre 2,5 e 5 centímetros atrás de você. Chame o cachorro. Assim que o focinho dele passar por entre suas pernas, porém antes de alcançar o petisco, clique. Se ele recuar antes de pegar a recompensa, não se preocupe.

2 Repita, colocando ou jogando o alimento cada vez mais para trás, até que ele passe o corpo todo por entre suas pernas. Assim que isso acontecer, clique. Quando ele pegar o petisco, vire-se para ele e jogue outro para trás, assim ele passará de volta por suas pernas. Repita para aumentar o ritmo. Quando ele adquirir confiança, adicione o comando "passa" antes de clicar.

rodear uma perna

Isso ajuda a criar a segurança necessária quando o cão for aprender a se deslocar em torno de suas pernas conforme você anda – como no exercício de costurar (p. 114) –, e ainda aumenta a flexibilidade dele.

1 Para rodear a perna esquerda, comece com ele do seu lado esquerdo. Segurando o clicker com a mão direita e recompensas em ambas, atraia-o pela sua frente e depois por entre as pernas. Faça-o desviar do petisco da mão direita para o da esquerda e, assim que ele passar por suas pernas, clique.

Pontos-chave

- Facilite para ele cedendo bastante espaço e mantendo a cabeça, mãos, roupas etc. fora do caminho.
- Tente fazer ele passar por suas pernas de maneira reta, rápida e decidida.
- Experimente usar o clicker de botão (p. 11), que pode ser operado dentro da mão ou com o pé, quando estiver segurando os petiscos.

2 Atraia-o para o seu lado esquerdo com a mão correspondente até ele voltar ao ponto de início e dê o petisco. Repita diversas vezes. Quando ele assimilar o exercício, reduza os atrativos; clique e recompense-o em pontos distintos do círculo para obter movimento contínuo. Adicione o comando "passa, torna" para ele saber que tem que passar primeiro no meio das pernas e depois dar a volta. Quando associar o movimento ao comando, ele deverá ser capaz de fazê-lo com você em pé, ereto. Depois, ele pode aprender a rodear a perna direita no sentido anti-horário, com a sequência inversa de mão.

para dentro e para fora

Primeiro, veja se o cão se sente confiante rodeando cada uma das pernas (no sentido anti-horário, em torno da perna direita, e horário, da esquerda - p. 110) e passando por entre elas (p. 108). Isso ajuda a evitar que ele pule parte do movimento do "8" ou fique inseguro em relação ao que você quer. Esta forma de trançar é base para vários truques do tipo, incluindo aqueles executados no movimento.

1 Com o cachorro à sua esquerda, atraia-o para a frente da perna esquerda segurando um petisco com a mão do mesmo lado. Faça-o seguir o alimento, mudando-o para a mão direita, por trás do joelho direito, para que ele passe por entre suas pernas.

2 Atraia-o com a mão direita em torno da perna do mesmo lado. Depois, passe o alimento para a mão esquerda, por trás do joelho esquerdo, para ele passar de novo no meio das pernas. Clique e faça-o passar ao redor da perna esquerda, usando a mão esquerda, até ele chegar ao ponto de partida. Recompense-o. Pratique para o movimento ficar natural. Clique e dê a recompensa em pontos e tempos diversos; adicione o comando "trança".

3 Conforme ele assimila, você pode diminuir os petiscos e usar apenas os sinais de mão. Quando ele estiver fazendo certinho pelo comando de voz, você pode ficar ereto e parar de usar as mãos.

Pontos-chave

- Para ajudar o cachorro a trançar, flexione o joelho por trás do qual você quer que ele passe. Isso deixará o vão maior e mais convidativo.
- No início, clique quando ele passar por suas pernas pela segunda vez, para completar o "8".
- Quando começar a ensinar o exercício, cuide para não movimentar muito rápido a mão que contém o petisco, pois o cão pode querer cortar caminho para pegá-lo.

4 Pratique bastante e o animal ficará mais ágil e capaz de trançar por suas pernas apenas sob o comando de voz.

costurar

Para o truque ficar legal, concentre-se na própria postura. Não se curve ou arraste o pé, mas mantenha-se ereto e decidido. Antes de fazer o movimento andando, veja se o cão consegue trançar com você parado (p. 112) sob seu comando. Isso evitará que tenha que se abaixar para atraí-lo enquanto fica sobre uma perna só.

1 Com o animal à sua esquerda, erga a perna direita e diga "trança". Assim que ele passar por baixo dela, comece a dar o passo para a frente.

2 Quando seu pé direito tocar o chão, diga "trança" novamente para estimulá-lo a passar sob a outra perna.

3 Levante a perna esquerda e clique logo que ele passar por baixo dela. Recompense-o quando chegar de volta ao lado esquerdo. Aumente a quantidade de passos antes de clicar e dar o petisco em qualquer um dos lados.

costurar para o lado

Para começar, será necessário diminuir a velocidade para o animal entender o que está sendo pedido. Então, pratique um passo de cada vez, equilibrando-se na perna de baixo – o cão não gostará nada de vê-lo titubear ou cair sobre ele.

1 Com ele à sua esquerda, erga a perna direita para a frente dizendo "trança". Quando ele passar por baixo dela, passe-a por trás dele e dê um passo para a esquerda.

Pontos-chave

- Sempre mantenha a perna sob a qual você quer que ele passe erguida à frente. Pode parecer mais fácil dar um passo e deixar a perna de trás para ele passar por baixo, mas isso ficará confuso e esquisito na hora em que aumentar a velocidade.

- Se começar a embaralhar os passos, treine sozinho antes de fazê-lo com o cachorro.

2 Levante a perna esquerda para a frente dizendo "trança", para que ele passe por baixo na direção oposta. Quando ele fizer isso, clique. Então, dê um passo para a direita, passando a perna esquerda na frente da direita. Assim que o cachorro virar de novo para você, dê um petisco. Aos poucos, vá construindo a sequência e pratique nas duas direções.

chuta!

Para fazer este movimento divertido, você deve ser ágil com os pés, porém o cachorro não precisa ser tão rápido para trançar corretamente. Antes de começar, leia as etapas, que requerem mais coordenação. Tente manter um bom ritmo dizendo a si mesmo "1, 2, 3, chuta", e depois ponha uma música e exiba suas habilidades!

1 Com o cão à direita, chute para a frente com a perna esquerda e diga "trança!".

2 Quando ele passar por baixo da perna esquerda, passe-a pela frente da outra para dar um passo para a direita.

3 Com a perna direita, dê outro passo para o mesmo lado.

4 Cruze de novo com a perna esquerda pela frente...

5 ... e finalize com um chute para a frente com a direita, dizendo a ele "trança!". Então, dê um passo cruzado com a perna direita para a esquerda a fim de repetir a sequência na direção contrária. Ufa!

Pontos-chave

- Comece devagar e aumente a velocidade conforme o animal assimilar o exercício.
- No início, clique e dê o petisco quando ele completar a segunda trança. Depois, movimente-se para ambos os lados antes de clicar e vá aumentando os intervalos entre os cliques.
- Se ele ficar animado demais, faça alguns exercícios mais tranquilos antes de voltar para este.
- Cuidado para não pisar nas patas do cachorro.

exercício com baliza

Incremente os truques treinando com uma baliza. Você pode fazer o animal saltar por cima dela, passar por baixo, ao redor, ou até usá-la para orientá-lo ou para criar novos movimentos. Antes de tudo, ela será usada para ensinar truques que depois poderão ser executados com uma vara. Nesta fase, é importante usar uma baliza que fique em pé sozinha para não confundir o cão e para que você fique com as mãos livres. Você pode adquirir a baliza sustentada por cone com fornecedores de *agility* ou improvisar uma (p. 13).

1 Com a baliza e o cão à sua direita, usando a mão do mesmo lado, faça-o afastar-se de você e passar em torno do lado mais distante da baliza.

2 Incentive-o a dar toda a volta e clique logo antes de ele completar o círculo, então recompense-o. Repita várias vezes, aumentando para duas ou três voltas antes de clicar e dar a recompensa. Dê o comando "volta baliza" ou só "baliza", antes de clicar.

Planejar a execução

Pense em como pretende usar um truque antes de treiná-lo. Ensinando os círculos conforme descrito aqui, você pode andar, fixar a vara e dar voltas na direção oposta à do animal. Se você ensinar nos sentidos inversos, terá que virar ao contrário e trocar as mãos, e o movimento não ficará natural.

3 Agora, elimine os movimentos de mão até que ele continue dando voltas e mantenha a mão parada no topo da baliza.

4 Quando ele entender o movimento e o comando em uma direção, ensine o outro lado. À sua esquerda, ele deve fazer as voltas no sentido horário.

5 Quando ele estiver fazendo bem o exercício, você pode começar a dar voltas na direção contrária à dele. Fluindo bem, pode tentar com uma vara propriamente dita.

Pontos-chave

- Ensine o truque com uma baliza que se sustente sozinha. É impossível induzir o cão e segurar a baliza ereta sem se atrapalhar e confundir o animal.
- Neste truque, é preferível usar um brinquedo, que é mais visível.
- Treine primeiro os círculos em torno de você (p. 104) para que o cachorro já tenha uma noção do que fazer.

circulando!

Para ensinar este truque, no início use duas balizas fixas para o cão fazer o "8". Ele já deve ser capaz de dar a volta em uma só e saber que a direção em que ele anda depende do lado do corpo em que você segura a baliza (p. 122). Combinando essas habilidades, cria-se um movimento contínuo.

1 Fique um pouco atrás entre duas balizas, espaçadas de modo que você alcance confortavelmente um pouco além delas. Com o cachorro à esquerda e o atrativo na mão correspondente, induza-o a rodear a baliza esquerda no sentido horário, dizendo "baliza" ou "volta baliza".

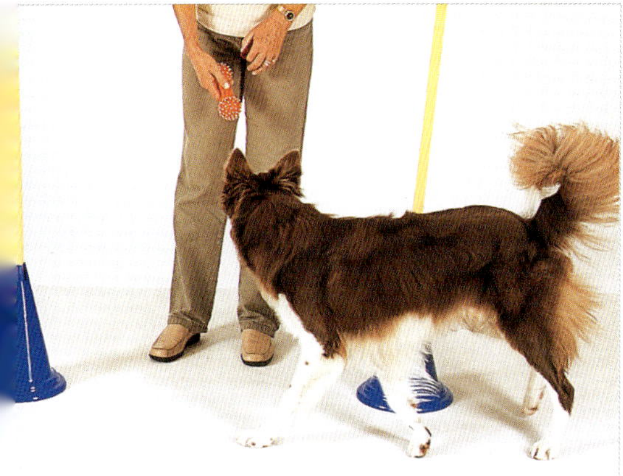

2 Assim que ele se voltar para você, troque a isca de mãos, atraindo-o com a direita. Faça-o circundar a baliza direita no sentido anti-horário dando o comando verbal mais uma vez.

3 Quando ele estiver voltando em sua direção, induza-o a passar pela outra baliza trocando o atrativo de mãos novamente. Faça-o rodear a baliza esquerda e, chegando ao ponto de partida, clique e recompense-o. Repita aumentando as voltas que ele tem de fazer para conseguir um clique. Com a prática, poderá reduzir os movimentos das mãos até simplesmente colocar uma delas sobre a baliza que você quiser que ele rodeie.

4 Quando ele souber dar a volta na baliza em que está sua mão, experimente usar uma vara. Segure-a com a mão direita e diga "baliza" para ele dar a volta...

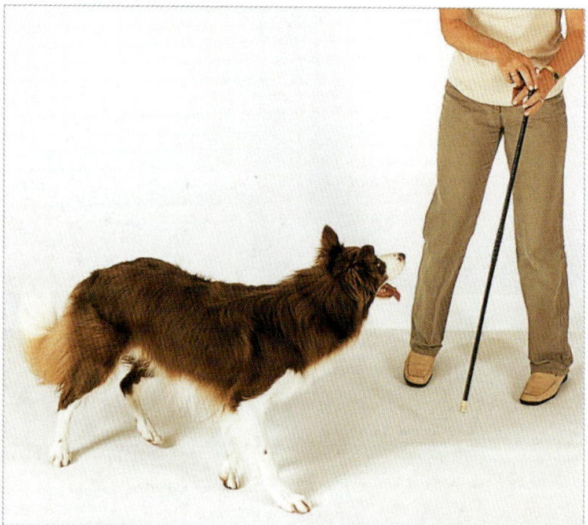

5 ... e, depois, mude-a para a esquerda, passando pela frente...

6 ... até colocá-la à esquerda e dar o comando ao cão para que ele circule na direção oposta.

Pontos-chave

- Em algum momento, você poderá eliminar o comando verbal, pois a posição da vara é que guiará o animal.
- Quando o cão aprender o exercício, experimente usar outros objetos, como um guarda-chuva.
- Se ele começou há pouco a aprender movimentos circulares ou ainda está hesitante, divida o movimento em pequenas etapas. Faça-o dar a volta na baliza esquerda, clique quando ele voltar a você e recompense-o. Então, induza-o a circundar a outra baliza, clicando ao voltar e dando a recompensa. Depois disso, é só unir os dois movimentos.

marcha à ré

Truques e sequências com movimentos para trás parecem sensacionais, e muitos cães aprendem a fazê-los rapidamente. Além de incrementar a apresentação, o cãozinho que sabe recuar se torna menos desajeitado, uma vez que consegue fazer manobras com mais facilidade dentro de casa. O exercício pode ser ensinado de diversas maneiras.

Método 1

Aqui, o alimento é usado como estímulo, e o cachorro pode realizar por si próprio o que é solicitado.

1 Com os pés afastados o suficiente para que o animal caiba entre eles, ponha um petisco entre os calcanhares. Deixe que ele se aproxime e apanhe o alimento. Depois de tê-lo comido, provavelmente dará um passo para trás e olhará em suas mãos ou rosto procurando por mais comida a caminho.

Pontos-chave

- Se ele parar de ir para trás antes de você clicar, espere para ver se ele começa a recuar, ou então recomece o exercício com outro petisco. Não fique tentado a dar o passo para trás você mesmo, pois isso apenas incentivará o cachorro a deslocar-se para a frente.
- Não ponha o alimento muito para trás, senão o cachorro passará direto por você.
- Este método é muito bom para raças pequenas, que terão que recuar alguns passos para conseguir olhar para você.

2 Assim que ele der um passo para trás, clique e recompense-o com um petisco entre seus pés. Repita. Quando ele recuar para olhar para você, espere até dar o clique. Ele provavelmente voltará ao mesmo ponto, esperando o barulhinho, mas, ao não ouvir nada, dará mais um ou dois passos para trás. Quando ele fizer isso, clique e recompense-o como da última vez. Continue a aumentar a quantidade de passos dessa forma. Quando ele estiver andando bem para trás, adicione o comando "recua" e, aos poucos, elimine os petiscos.

Método 2

Neste, você usa a postura e os movimentos das mãos para "forçá-lo" a recuar.

1 **Com o cachorro de frente para você, segure um petisco junto ao focinho dele. Mantendo a mão na mesma altura, empurre o alimento de maneira firme mas delicada, com o intuito de fazê-lo encolher a cabeça para trás.**

Para manter o corpo alinhado

Para ajudar o cão a ficar com o corpo reto ao recuar, use o comando "na frente" (p. 92) em que ele aprende se deslocar mantendo as patas posteriores alinhadas com as anteriores. Ou, então, faça um corredor com um cercadinho (pp. 12 e 134). Aguarde até que ele fique confiante em caminhar por ele para a frente e, depois, conforme ele recuar, terá uma cerquinha de cada lado para guiá-lo para trás.

2 Ao mesmo tempo, vá em direção a ele – o movimento do corpo e das mãos o estimulará a recuar. Logo que ele der um passo, clique e recompense-o. Pratique aumentando aos poucos o número de passos, e então dê o comando "recua".

Pontos-chave

- Posicionar bem a mão é fundamental – muito alta, ele se senta; muito baixa, acaba se deitando.
- A velocidade da mão também é importante – se movê-la muito devagar, ele vai se sentar ou ficará totalmente parado.

recuar em dupla

Além de recuar em relação a você, o cão pode aprender a fazer isso com você. É mais fácil ensinar este truque usando um cercadinho (p. 12) como um corredor, que servirá para orientar o animal para onde você quer que ele vá e permitir que ele faça o resto por si mesmo. Assim, recompensá-lo será mais simples, e o exercício, mais bem assimilado.

1 Monte o cercadinho formando um corredor largo o bastante para que você e o cão fiquem lado a lado em seu interior. Ponha-o na posição junto de você (p. 48) e segure um petisco encostado na ponta do seu focinho.

2 Dê um passo para trás e, mantendo a mão na mesma altura, empurre o petisco delicadamente no focinho. Repita, aumentando aos poucos a quantidade de passos antes de clicar. Quando ele estiver recuando com segurança, adicione o comando "junto, pra trás". Pratique até recuar uns dois ou três metros e, então, tente sem o cercadinho.

Pontos-chave

- Mantenha-se confiante ao andar para trás.
- Tendo retirado o cercadinho, repita o comando regularmente para ajudar o animal a se endireitar.
- Se o cachorro começar a se encolher atrás de você ou torcer o corpo para fora, treine novamente com o cercadinho.

rodear para trás

Mais uma vez, o cercadinho é usado para direcionar o movimento, mas, assim que o básico tiver sido aprendido, o exercício poderá ser praticado sem ele.

1 Disponha o cercadinho de modo que o cão tenha espaço para andar ao seu redor. Você estará posicionado no meio. Faça-o andar para a frente, para que se acostume com o espaço restrito. Então, à esquerda dele, diga "para trás", mas permaneça parado. Se necessário, estimule-o a fazer isso colocando um petisco em seu focinho.

2 Assim que ele passar o focinho além de sua perna direita, clique e dê o petisco do lado direito. Faça o mesmo na outra metade do círculo. Espere para dar o clique até que ele complete uma volta e, depois, várias voltas seguidas. Adicione um comando como "revés" ou " de ré, torna".

Pontos-chave

- O tamanho do cercadinho deve ser correspondente ao porte do cão.
- Verifique se há espaço suficiente atrás de você, dentro do cercadinho, para que o animal ande para trás.
- Caso não tenha um cercadinho, use o canto de um cômodo da casa. Você pode ensinar metade do círculo de cada vez, com o cachorro se deslocando entre você e o canto formado pelas paredes.

3 Quando o cão fizer vários círculos ao seu redor dentro do cercadinho, experimente sem ele. Se der certo, ensine o movimento na direção oposta usando a mesma técnica mostrada nos passos 1 e 2.

voltar de ré

Este truque consiste, na verdade, da combinação de diversos movimentos ensinados isoladamente. Para realizá-lo, é necessário que o cão saiba se afastar de você sob comando, faça meia-volta e dê a ré até passar por entre suas pernas. Treine bem um de cada vez e não tente fazer a sequência completa logo de cara, ou o cão vai se sentir bombardeado. A abordagem gradual traz um resultado muito melhor.

Auxílio sonoro

Enquanto volta de ré, o animal terá dificuldade de saber onde você está, a menos que vire a cabeça – embora alguns se esforcem bastante para usar a visão periférica. Sendo assim, ajude-o a localizar você repetindo o comando "de ré" – alguns cachorros contam com o som da voz do treinador para este movimento.

1 Primeiro, ensine-o a andar para trás passando por entre suas pernas. Fique sobre ele e, com um petisco encostado no focinho, empurre-o com cuidado para trás. Clique quando ele passar por suas pernas e dê a recompensa quando voltar para o seu lado. Repita até ele fazer o movimento sem o "empurrãozinho" e diga "de ré".

2 Aos poucos, aumente a distância que ele deve andar para trás. No início, apenas um passo – dê o comando e clique quando ele passar por suas pernas, recompensando-o assim que voltar ao seu lado de novo. Depois, vá mais para trás dele dizendo "fica". Acrescente um passo por vez até que o cão atravesse o cômodo de ré até você.

3 Agora, ensine a meia-volta. Comece com ele de frente para você e induza-o a se virar, como se fosse girar (p. 98).

Pontos-chave

- É provável que o cão dê a ré em cima de você; para evitar isso, ajeite sua posição para ajudá-lo.
- Seja sistemático em suas posições para aumentar as chances de ele voltar de maneira correta até você.
- Ao ligar os elementos do truque, observe se há sinais de que o animal não tenha entendido. É melhor diminuir um pouco o ritmo ou voltar ao passo anterior e resolver pequenas dificuldades antes que se tornem grandes problemas.

4 Assim que ficar de costas para você, clique e jogue o alimento na frente dele para que ele não tenha que fazer uma volta completa para consegui-lo. Se ele passar de 180°, ponha a mão em seu quadril fazendo-o parar. Pratique e adicione o comando "volta". Quando ele começar a virar, ligue o movimento ao de andar de ré. Com o cachorro parado, esperando, posicione-se alguns passos à frente dele. Diga "volta" e, depois, "de ré", clicando quando ele passar por entre suas pernas. Ao firmar isso, adicione os comandos "recua", "volta" e, finalmente, "de ré".'

salta!

Ensinar o salto é muito divertido. Comece devagar, para o cão aprender a dar o impulso e descer ao chão corretamente, sem se machucar. Depois, aos poucos, aumente a altura dos obstáculos. Não exija demais dele – um salto de 70 centímetros já é muito, até mesmo para um cachorro grande e com experiência em *agility*. Leve em conta a idade, a condição física e a saúde do animal e, em caso de dúvida, consulte o veterinário antes de começar.

1 Estabeleça uma altura de 5 a 15 centímetros de modo que ele pule facilmente, mas não consiga passar por baixo. Diga para esperar (p. 44) enquanto você salta o obstáculo e dá alguns passos antes de se virar para ele. Chame-o com animação, com os braços abertos, clicando quando ele saltar e recompensando-o ao se aproximar. Repita dando o comando "salta".

Concentração

Para um bom salto, é preciso que as patas anteriores sejam as primeiras a sair e também a chegar ao chão. Para isso, o cão deve estar olhando para o ponto ao qual se dirige. É comum ver cachorros caindo com as quatro patas ao mesmo tempo ou com as traseiras antes – isso acontece porque estão olhando para os donos, em vez de se concentrar no exercício. Assim, eles chegam mal ao chão, o que pode gerar lesões. Em competições de *agility*, pode fazê-los perder tempo.

2 Diga para ele esperar e ponha um petisco no chão, do outro lado do obstáculo. Vá junto do cão, pronto para pular ao lado dele. O petisco fará que ele olhe para a frente, e não para você.

3 Corra e pule com ele para pegar o alimento. Clique quando ele saltar. Pratique e depois faça-o pular sozinho. Aos poucos, elimine os petiscos e faça vários saltos antes de recompensá-lo.

Pontos-chave

- Se no início o cão passar por fora em vez de saltar, deixe o obstáculo mais perto dele e mais baixo, ou mesmo no chão.
- Logo que ele aprender o "salta", cuide para dar o comando na hora certa. Alguns cachorros, ao ouvir o comando, tentarão saltar direto o obstáculo, mesmo que estejam longe dele. Neste caso, dê a largada dizendo "vai", ou diga "salta" apenas quando o obstáculo estiver ao alcance dele.
- Se ele quiser passar por baixo quando você aumentar a altura do obstáculo, abaixe novamente e treine mais para que o cão adquira confiança.

abra suas asas

Para ensinar o animal a saltar sobre seu braço, será necessário um ajudante, que mostrará a ele o que e como fazê-lo. Ele deve saltar sobre o braço, não apenas a mão, e olhar adiante, não para você. Chame um amigo que também tenha cachorro, para ambos aprenderem, e depois tente fazer os dois cães pularem ao mesmo tempo.

1 Peça ao ajudante para se ajoelhar e manter o braço esticado para fora e baixo. Com o cachorro esperando (p. 44), segure um petisco próximo do focinho. Dê a largada e corra, tentando ficar um passo adiante, usando seu corpo para guiá-lo por cima do braço do ajudante. Quando ele pular, clique, e recompense-o ao terminar. Repita várias vezes.

2 Se o animal mostrar segurança, peça ao ajudante para, aos poucos, aumentar a altura do braço, até nivelar-se com o ombro. Treine fazendo-o saltar nas duas direções e dos dois lados do corpo do ajudante.

3 Faça o cão ficar esperando de frente para o ajudante e coloque-se atrás deste. Chame o animal e diga "salta", clicando quando ele saltar o braço e recompensando-o ao chegar até você. Pratique até ele fazer isso com perfeição.

Truques para dois

Ao adquirir confiança nos saltos, ensine variações de truques mais complexos. À medida que ele progride, vá introduzindo manobras mais difíceis. Se tiver dois cachorros, poderá treiná-los juntos ou separadamente.

4 Agora, você pode tentar fazer o truque sem ajuda. Com o cão esperando, ajoelhe-se a alguns passos dele e estique o braço. Diga "salta", clicando quando ele pular e jogando petiscos adiante dele.

Pontos-chave

- Fique um pouco à frente do animal ao correr com ele, para que ele consiga ver o salto e avaliar a distância. Se sua mão estiver a menos de 15 centímetros do focinho, ele se concentrará apenas no petisco.
- Se ele mergulhar por baixo do braço do ajudante, reposicione-se para dirigi-lo para o salto.
- Você pode incrementar o truque fazendo o cão saltar um braço em uma direção e voltar saltando o outro. Peça para o ajudante mostrar a ele como fazer a volta.

mestre da argola

Ensine-o a saltar por dentro de um aro como um truque em si ou como ponto de partida para saltar por cima do braço. Quando ele descobrir para que serve o aro, aprimore as sequências em que o cão se movimenta ao seu redor, saltando pelo aro sempre que você o apresentar.

1 Peça ao cão para passar pelo aro colocado à altura do chão. Clique assim que as patas da frente já tiverem passado e recompense-o quando todo o corpo tiver atravessado. Erga o aro entre 5 e 7,5 centímetros e incentive-o a passar. Aos poucos, aumente a altura e introduza o comando "passa" ou "aro" antes de clicar.

2 Incentive-o a saltar mais alto e mais rápido pedindo que espere e jogando um petisco do outro lado do aro. Dê o comando "aro", clicando quando ele passar por dentro. Com a prática, você poderá eliminar o comando verbal, bastando mostrar o aro para que o cachorro salte através dele.

braços em aro

Quando o cachorro estiver saltando bem pelo aro, dificulte um pouco, fazendo-o pular por dentro de seus braços. Para este truque, você precisará de um ajudante. De qualquer forma, o resultado final será uma grande amostra de confiança mútua e do trabalho em equipe entre você e seu cão.

1 Diga "senta, fica" e coloque-se um pouco adiante dele. Faça um aro com os braços, perto do chão, e peça ao ajudante para ficar do lado da aterrissagem mostrando ao cachorro um petisco pelo centro do círculo com a mão mais próxima a ele. Diga "aro" e, assim que ele pular para passar pelos braços, clique. O ajudante, então, joga o alimento alguns passos à frente do animal. Repita.

Pontos-chave

- Evite usar roupas largas ou deixar o cabelo solto quando fizer o exercício – o cão precisa enxergar o espaço livre para saltar por ele.
- Segurando um aro ou usando os braços, mantenha uma postura estável para ele saber se você quer que salte ou não.
- Quanto mais alto pedir que pule, mais espaço terá que lhe dar para tomar impulso.

2 Usando o mesmo procedimento, aumente a altura aos poucos. Quando você clicar, o ajudante deve ficar jogando os petiscos à frente do cão para mantê-lo concentrado e seguindo adiante.

3 Se ele estiver fazendo bem o movimento e reconhecer o comando verbal, tente fazer o truque sem o auxílio da outra pessoa. Ponha um petisco no chão, do lado em que o cachorro for pousar. Faça o aro e peça para ele saltar. Quando fizer isso, clique. Pratique até que a posição de seus braços se torne a dica para ele pular.

fazer o zigue-zague

Se quiser que o animal seja flexível, não há exercício melhor. Costurar entre as balizas é o ponto alto das provas de *agility*, com os melhores cães parecendo apenas um borrão enquanto realizam o movimento. Chegar a esse nível requer muito treino, mas a prática regular deste exercício vai melhorar a coordenação e a elasticidade do cachorro.

1 Comece em uma das pontas, com o cão do lado direito. Você vai andar ao longo do lado esquerdo da fileira enquanto o animal costura por entre as balizas. Induza-o a passar ao redor da primeira pelo lado direito. Depois, faça-o contornar a segunda baliza pelo lado esquerdo, a terceira, pelo direito, e assim por diante.

Travessia expressa

Para fazer o animal se concentrar em passar direto através das balizas, o exercício geralmente é ensinado com duas fileiras delas, com o espaço exato para o cão passar. Tendo aprendido a passar entre as duas fileiras, estas são colocadas cada vez mais próximas para que ele tenha que ir se contorcendo até fazer o zigue-zague. Porém, ele estará mais preocupado em passar pelas balizas do que em se deslocar de um lado para o outro.

2 **Logo que o focinho alcançar o último par de balizas, clique, recompensando-o ao chegar ao final delas. Repita várias vezes.**

3 Quando ele assimilar o movimento, ficará feliz seguindo a sua mão. Dê o comando "trança" para cada baliza que ele contornar.

4 Clique quando ele passar por entre as duas últimas balizas e jogue o petisco adiante dele como incentivo para passar mais rápido por elas. Treine aumentando a velocidade e reduzindo os sinais manuais, até que você apenas desloque a mão em linha reta e dê o comando. Em algum momento, até a dica visual poderá ser eliminada.

Pontos-chave

- Enquanto o atrai, mantenha a posição da cabeça dele para que as balizas continuem no seu campo de visão.
- Conforme aumenta a velocidade, o cachorro deixará de trotar e começará a pular com duas patas entre as balizas.
- Sempre faça o cão passar pelas balizas no mesmo sentido.

siga o líder

O adestramento com o clicker estimula o cão a usar a pata, o focinho ou a boca sob comando para realizar as tarefas. Isso é feito usando targets (alvos) que o animal é treinado a tocar com uma parte específica do corpo. O target pode ser movimentado e usado em diversas situações para transferir a ação a outros objetos ou ensinar exercícios complexos. Comece ensinando-o a deixar o focinho bem perto de sua mão. Isso ajudará a guiá-lo em movimentos como o de ficar junto sem o uso de isca.

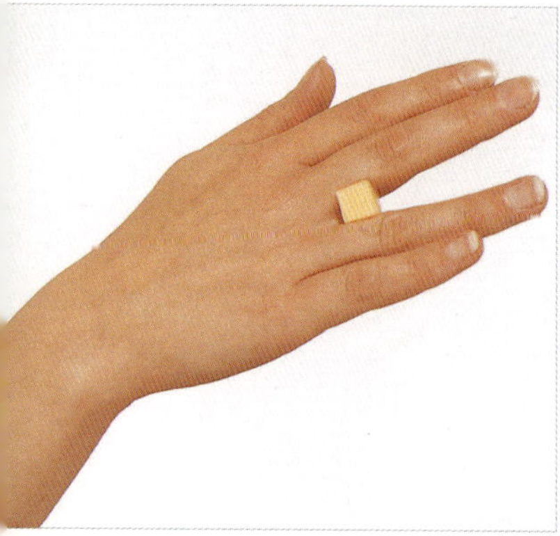

1 Coloque um pedaço de alimento entre os dedos anelar e médio. Deve estar visível a partir das costas da mão e bem firme para que o cachorro cheire, mas não consiga pegá-lo.

2 Deixe as costas da mão para fora, para ele cheirar o petisco. Quando o focinho tocá-la, clique e mova o target (que no caso é a mão) para cima, fora de alcance. Dê a recompensa com a outra antes de mostrar a mão target um pouco à frente dele para que a cheire. Clique e recompense-o como antes.

Três tipos de target

1 mão Um bom ponto inicial, adequado para exercícios em que ficam próximos, como os de permanecer junto e os de girar. Elimina a necessidade de segurar um brinquedo ou petisco.

2 bastão O bastão extensível (pp. 12 e 158) é empregado para ensinar exercícios circulares mais amplos e os de ficar sobre as patas traseiras. Pode ser usado para tornar os movimentos mais altos para um trote.

3 marcador Geralmente um objeto plano, como uma tampa ou pedaço de madeira (pp. 12 e 160). O marcador pode ser levado até outro objeto para mostrar ao cão como e quando você quer que ele o toque.

Pontos-chave

- Se ele não tocar o target até três segundos depois de mostrado, tire-o do alcance novamente. Depois, mostre mais uma vez a mão target com o alimento, e estimule-o dizendo "o que tenho aqui?".
- Quando ele seguir um target, é importante continuar a clicar e a recompensá-lo de tempos em tempos para mantê-lo motivado.

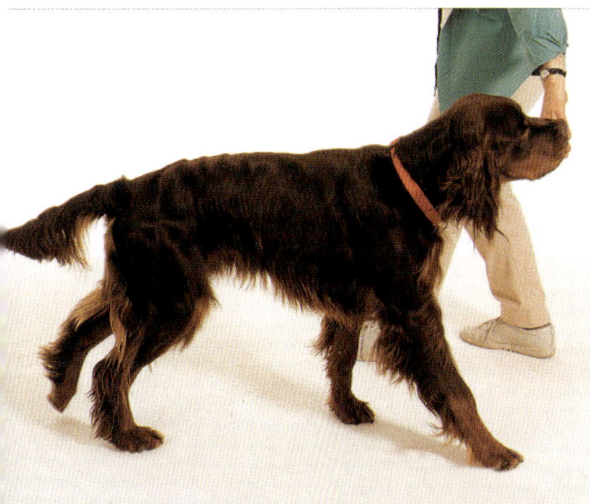

3 Aos poucos, peça-lhe para se deslocar mais para tocar sua mão e jogue os petiscos próximos a você. Dê a mão, agora sem petisco – se ele tocá-la assim mesmo, clique e recompense-o. Repita e dê um comando como "toca" ou "focinho". Aumente a distância em que ele se desloca antes de clicar, até que você movimente a mão para qualquer direção e ele a siga.

exercícios com target

Usar o target para ensinar o cachorro significa mostrar exatamente o que, onde e como você quer que ele interaja com um objeto. O bastão e o marcador target são ótimos para isso, mas são empregados em situações distintas. O bastão é bom para criar movimento em uma determinada direção.

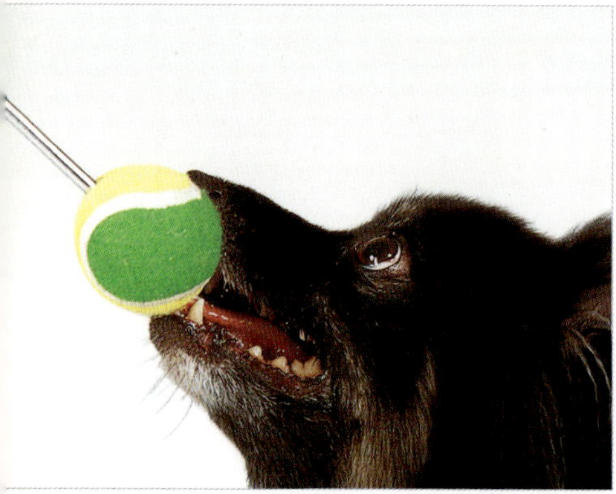

Tocar o target com o focinho

Prenda uma bolinha na ponta do bastão para que ele fique mais visível e fácil de tocar. Com o clicker e o bastão na mesma mão, sustente o último perto do animal. Quando ele tocar o focinho para cheirar, clique. Jogue um petisco na outra direção para que depois ele tenha que voltar para o bastão para tocá-lo novamente. Pratique adicionando o comando "toca" antes de clicar.

Em pé e em reverência

Quando o cão aprende a seguir o target sem hesitação, isso abre caminho para diversas maneiras de incentivar movimentos. Basta erguer o bastão para uma posição em pé sobre as patas traseiras, ou movê-lo para baixo, entre as patas do cachorro, para obter uma reverência. Isso o ajudará a fazer movimentos mais acurados.

Tocar o target com a pata

Prenda outro objeto na ponta do bastão para pedir que ele faça coisas com as patas – o ideal seria um pedaço de plástico ou madeira retangular chato para dar apoio à pata dele. Estenda-o e diga "dá a pata" (p. 54). Clique quando ele o tocar, recompense-o e repita. Lembre-se de sempre distinguir os targets para serem tocados com o focinho daqueles tocados com a pata.

acertar o marcador

O marcador target é usado para dizer ao cachorro "ir" a um lugar determinado ou tocar um objeto em um ponto ou de uma determinada maneira. Assim como com o bastão target, o marcador pode ser ensinado para ser tocado especificamente com a pata ou com o focinho.

1 Escolha uma esteirinha ou tampa plástica para ser o marcador para focinho. Coloque-o no chão e, com o cachorro esperando (p. 44), ponha um petisco sobre ele.

2 Incentive-o a pegar o alimento e clique quando o focinho tocar o marcador. Pratique e dê o comando "focinho". Depois, tente sem o alimento sobre o marcador. Se o cão o tocar, clique e jogue um petisco longe do marcador, depois repita. Se ele não tocar, treine com o alimento algumas vezes mais.

3 Use um marcador maior, com o petisco sobre o lado mais distante do cão. A partir da posição de espera, estimule-o a pegar o alimento. Logo que pisar nele com as duas patas dianteiras para chegar ao petisco, clique. Treine e acrescente o comando "no marcador". Depois, tente sem o petisco. Se ele ficar com as duas patas no marcador, clique e dê a recompensa. Caso contrário, pratique um pouco mais.

trazer de volta

Brincar e interagir com o cão é uma parte fundamental do relacionamento, mas fica muito mais difícil se ele foge com os brinquedos e se recusa a trazê-los de volta. Ensiná-lo a buscar resolverá o problema e aumentará o repertório de truques. Os cães de caça têm esse comportamento "no sangue", enquanto as raças toy são, geralmente, "dissimuladas". Leve isso em conta e também as preferências do seu cachorro em relação aos objetos que põe na boca. Enquanto alguns carregam qualquer coisa, outros só pegam brinquedos macios ou de borracha. É mais fácil ensinar a buscar quando o animal já sabe tocar o target com o focinho (p. 158).

1 Mostre a ele o objeto a ser buscado, clique quando ele cheirá-lo e recompense-o. Repita. Agora, estenda o brinquedo novamente, mas, desta vez, não clique até que ele o pegue com a boca. Então, recompense-o.

2 A cada vez, espere um pouco mais antes de clicar, para incentivá-lo a ficar mais tempo com o brinquedo. Se ele o segurar por alguns segundos, tente soltá-lo você mesmo. Clique antes de o cachorro largar o brinquedo e dê a recompensa. Se ele fizer isso, espere para ver se ele o pega. Se pegar, clique e recompense-o.

3 Ponha o brinquedo no chão. Se ele for pegá-lo, clique e recompense-o. Caso contrário, treine o passo anterior um pouco mais. Quando estiver pegando e segurando o brinquedo bem, comece a colocá-lo um pouco mais longe.

4 Aguarde até que ele dê um passo em sua direção com o brinquedo na boca e clique. O cão provavelmente largará o brinquedo e irá até você para receber a recompensa. Agora, veja se ele volta para o brinquedo. Se o pegar, deixe que ele dê outro passo até você antes de clicar e repetir o processo.

Ensinar a largar

Embora seja normal ensinar um cão a largar e buscar ao mesmo tempo, isso geralmente leva à confusão, sendo que ele fica sem saber se deve segurar ou soltar o brinquedo. Considere como dois exercícios distintos. Ensine-o a largar com um brinquedo de puxar, para que você se mantenha sempre no controle. Jogue com força, então pare e diga "larga". Fique com o brinquedo parado até que ele o solte, depois clique e dê um petisco.

5 Gradualmente, aumente a distância a ser percorrida com o brinquedo, até que ele volte a você de uma só vez. Quando ele souber fazer isso, introduza o comando "pega". Finalmente, ensine-o a segurar o brinquedo até que você o apanhe. Ao trazer o objeto, ele pode largá-lo assim que você clicar. Apenas aguarde e não o recompense. É bem provável que ele pegue o brinquedo – tire-o dele tranquilamente e dê a recompensa.

Pontos-chave

- Escolha um objeto que tenha o tamanho e o peso certos e seja do material adequado ao animal.

- Se ele estiver com o brinquedo na boca, espere para clicar, a fim de aumentar a distância que ele percorre para trazê-lo – tente clicar antes que ele o solte.

- Caso ele solte antes de você ter clicado, espere. Ele tenderá a pegá-lo de novo. Aí, você pode clicar e dar a recompensa.

- Não use o comando "pega" até que ele tenha aprendido todo o exercício, senão ele acabará mastigando, engolindo ou soltando o objeto.

hora do recreio

O tempo livre é um ótimo estímulo para o cãozinho pensar por si mesmo, desenvolver comportamentos diferentes e exercitar formas de obter recompensas. Incentiva a autoconfiança e a curiosidade e desenvolve a habilidade de aprender e entender.

1 Coloque uma cesta no chão e sente-se com um pote de petiscos. Jogue um petisco dentro da cesta para mostrar que é nisso que está interessado. Fique quieto e espere. Aqui, Gypsy pula dentro da cesta, e o clique é dado antes de ela pegar o alimento.

2 Aguardamos mais uma vez para ver o que ela faz. Ela se ergue na beira da cesta. Um clique é dado por esta nova ação e um petisco é jogado no chão.

3 Depois, ela fica em pé com uma pata na alça. Mais uma vez, ganha um clique e um petisco.

Pontos-chave

- Na hora do recreio, mantenha o ritmo fazendo o animal se movimentar – jogue os petiscos cada vez em uma direção.
- Não se concentre em só uma ação muito rápido, senão ele vai empacar e parar de criar movimentos espontâneos.
- Recompense qualquer coisa para aumentar a autoconfiança e a criatividade dele.

4 Em seguida, entra na sexta e se deita, e ganha um clique e um petisco. Continue recompensando seu cão por ser criativo, reconhecendo diferentes comportamentos.

5 Concentre-se em uma ação de que tenha gostado, recompensando apenas ela, como as patas na alça, por exemplo. Clique e dê um comando que corresponda à ação.

cão boleiro

A maioria dos cães adora truques com bola. Escolha uma que seja leve o suficiente para não machucar o animal se acertá-lo, mas forte o bastante para um jogo vigoroso. Ela também não deve ser pequena a ponto de ser pega com a boca. Se ele já sabe usar o focinho para tocar as coisas (p. 158), não terá dificuldade com este exercício. Ensinando como um truque com o focinho, é menos provável que ele a pegue ou morda.

1 Com o cão atento em posição de espera, ponha um petisco no chão e a bola sobre ele.

2 Deixe-o pegar o petisco e, assim que o focinho tocar a bola, clique. Permita que ele encontre a recompensa.

3 Repita a sequência, colocando petiscos sob a bola em rápida sucessão para aumentar o ritmo e incentivá-lo a levantar-se e ir até ela.

Pontos-chave

- Se ele não começar a empurrar a bola com o focinho quando você parar de colocar os petiscos debaixo dela, espere. Seja paciente e não se preocupe por não conseguir "dizer" ao cão o que você quer dele – um minuto ou dois é tudo o que ele precisa para pensar.
- Caso ele fique mordendo a bola, mostre que usar o focinho lhe trará recompensas. Clique e dê o petisco apenas quando ele empurrar com o focinho e, se ele usar os dentes, não faça nada.

4 Quando ele assimilar o movimento, esconda o petisco. Clique quando ele empurrar a bola e jogue um petisco para mantê-lo em movimento. Quando ficar fácil para ele, introduza o comando "empurra". Espere para clicar depois que ele dê duas ou três focinhadas e comece a driblar com a bola.

Fazer gol

Quando ele entender o truque, por que não adicionar um "gol"? Fique de pé, perto dele e com as pernas afastadas, e dê o comando para empurrar a bola. Se ele acertar entre suas pernas, clique e recompense-o. Pratique até ele entender o que está sendo pedido. Depois, pode acrescentar o comando "chuta" e, aos poucos, aumentar a distância entre vocês.

cabecear

Sabendo passar a bola (p. 168), logo o cachorro aprenderá a cabeceá-la. Para o truque ficar legal, você deve jogar a bola um pouco acima da cabeça dele, para que ele possa "cabeceá-la". Quanto melhor for seu lançamento, com mais precisão ela retornará a você.

1 Estenda a bola para o cão e diga "empurra" (p. 168). Quando ele fizer isso, clique e dê um petisco. Repita várias vezes até que ele se sinta confiante.

Pontos-chave

- Tudo o que este truque precisa é de treino. Pratique bastante para obter bons resultados.
- Não exagere nas sessões. Um cão com o focinho ferido não vai querer jogar.
- Não queira pregar uma peça, como chegar de repente com uma bola mais pesada. Isso acabaria com a autoconfiança dele.

2 Com o cachorro sentado em espera (p. 44), afaste-se um pouco. Segure o clicker com uma das mãos e jogue a bola um pouco acima da cabeça dele. Ao jogar, diga "empurra".

3 Se ele for com o focinho na bola, clique e recompense-o. Pratique para ele ganhar autoconfiança e coordenação. Logo, ele estará atingindo a bola com maior precisão – do contrário, pratique o passo 1 até ele entender.

4 Aos poucos, aumente a distância e a altura em que você lança a bola. Quando as "cabeçadas" estiverem mais precisas, você conseguirá defendê-las. Clique apenas para aquelas em que a bola voltar dentro do seu alcance.

sobre a bola

Antes de tentar este truque, é importante que ele saiba dar as duas patas quando solicitado (p. 54). E também que a bola seja grande e forte o bastante para suportá-lo. Se for inflável, veja se é firme para não ceder quando ele subir nela. Escolha uma superfície plana de modo que a bola se desloque sem problema quando o cachorro quiser, mas não antes disso.

1 Ajoelhe-se em frente ao cão, com a bola entre vocês. Mantenha-a parada e diga "dá a pata" (p. 54). Logo que ele colocar uma pata na bola, clique e recompense-o. Repita e depois treine com a outra pata da mesma maneira.

2 Segure a bola e dê o comando para a pata esquerda. Quando esta estiver sobre a bola, dê o comando para a direita. Estando as duas patas sobre a bola, clique e recompense-o. Quando ele estiver fazendo naturalmente, acrescente o comando "na bola", antes de clicar e dar a recompensa.

3 Quando for treiná-lo com o comando verbal, levante-se. Mantenha a bola parada com o pé.

Pontos-chave

- Mantenha a bola parada no início para deixar o animal mais seguro. Não fique tentado a fazê-la rolar até que ele tenha assimilado o exercício.

- É provável que ele não consiga controlar a bola no começo, então não deixe nada por perto em que ele possa bater.

4 Agora, experimente deixar a bola rolar. Tire o pé e, quando o cachorro se deslocar com a bola, clique e dê a recompensa. Aos poucos, deixe-a rolar um pouco mais antes de clicar e recompensá-lo. Vá treinando até ele conseguir rolar a bola sozinho.

um nível acima

Este truque é uma extensão do exercício do relógio usado para ensinar a ficar "na frente", qualquer que seja o lado para onde você se vire (p. 92). Dependendo do que tiver disponível para o cão pisar, você pode aprimorar o movimento para que fique com as quatro patas no pódio. O ideal é usar algo redondo – para ele se virar mais facilmente, sem ter que se preocupar com as quinas –, estável e não escorregadio, como um pufe firme.

1 Coloque um petisco sobre o pufe para indicar o que você quer. Quando o focinho dele tocar o pufe, clique e permita que ele pegue o alimento.

2 Agora, fique com o petisco. Aguarde até um minuto para dar ao animal a oportunidade de fazer o que quiser para ganhar uma recompensa. Uma reação normal é colocar uma pata sobre o objeto. Se ele não fizer isso, estimule-o dizendo "dá a pata" (p. 54). Assim que ele colocar uma pata ali, clique e jogue um petisco. Repita.

3 Em seguida, peça que coloque as duas patas no pufe. Você pode esperar para clicar quando ele erguer uma pata e aguardar pela segunda, ou, quando ele estiver com uma delas em posição, usar o outro comando para dar a pata para que ele coloque a oposta no pufe. Quando ambas estiverem em posição, clique e jogue um petisco. Repita. Logo que ele assimilar o movimento, acrescente o comando "no pufe" antes de clicar.

4 Agora, adicione a rotação ficando de frente para ele. Contorne o pufe no sentido anti--horário, dizendo "na frente". Quando ele mover as patas traseiras para acompanhar seu movimento, mantendo-se de frente para você, clique e recompense-o.

5 Dê outro passo e repita. Você pode dar mais passos antes de clicar, até que o cão seja capaz de dar uma ou mais voltas completas.

Pontos-chave

- Antes de tentar este exercício, é importante verificar se ele sabe o comando "na frente" realizado no chão (p. 92).
- Pratique girar em torno do pufe nas duas direções.
- Este truque pode ser ensinado como "recreio" (p. 166) usando o pufe como acessório. Clique quando ele oferecer as patas sobre o pufe e quando ele der algum passo.
- Para fazê-lo subir com as quatro patas, só dê o clique quando ele tentar pular no pufe.

"Leia" seu cão

Quando souber os principais usos do clicker, você poderá ensinar truques de diversas maneiras. O bom treinamento é aquele que torna possível "ler" o animal e apresentar uma tarefa de modo que a resposta correta seja óbvia.

hora de ir para a cama

Ser capaz de mandar o cachorro para a cama é muito útil, e é importante que isso seja feito de maneira positiva. Ele aprenderá que é uma coisa boa e que significa recompensa. Ensiná-lo a ir "pra cama" fica mais fácil como uma extensão do exercício com o marcador (p. 160). Use o cobertor da cama dele como marcador target.

1 Ponha o cão em posição de espera (p. 44) e o cobertor no chão alguns passos adiante. Fique do outro lado e coloque um petisco sobre o cobertor, no lado mais próximo de você. Chame-o e, assim que as patas dele (de preferência, as quatro) estiverem sobre o cobertor, mas antes de ele apanhar o petisco, clique. Repita várias vezes.

2 Repita o passo anterior, mas, depois que ele comer o petisco, diga "deita" (p. 40). Assim que ele obedecer, clique e dê outro petisco.

3 Com o cachorro em posição de espera, coloque um petisco sobre o cobertor, do lado mais distante dele, mas, desta vez, fique do mesmo lado. Deixe que ele vá e incentive-o a pegar o alimento. Clique quando as patas estiverem sobre o cobertor, mas antes de pegar o petisco. Repita. Quando ele estiver fazendo isso naturalmente, dê o comando "pra cama".

4 Repita o passo 3 para mandá-lo para o cobertor, dizendo "pra cama". Assim que ele fizer isso, dê o comando "deita". E, ao obedecer, clique e recompense-o. Quando ele tiver entendido o exercício, pare de usar o petisco.

Habilidades transferíveis

Neste exercício, o cobertor se torna um target, e o cão aprende que tocá-lo resultará em recompensas. Quando isso estiver claro para ele, o objeto poderá ser usado em diferentes lugares e situações. No entanto, o movimento associado será o mesmo – o de deitar-se e ficar quieto.

5 Agora, você pode colocar o cobertor na cama do cachorro, no carro ou em qualquer lugar em que você queira que ele fique quieto. Usando o comando "pra cama", ele irá para o cobertor em qualquer lugar e ficará bem calminho!

Pontos-chave

- Não espere que ele entenda se usar outro cobertor – um cachorro novo ou inexperiente aprenderá as coisas em ligação muito estreita com o contexto. Um cão mais velho talvez saiba o que fazer. Na dúvida, refresque a memória dele treinando com uma nova coberta.
- No início, peça-lhe que se afaste um pouco da cama, até assimilar o exercício. Quando tiver aprendido, se a cama estiver em outro cômodo ou situação, ele saberá encontrá-la.

skates a postos

Se o cão souber tocar o target com as patas (p. 160), este é um truque bacana para ensinar a ele. A ideia pode ser aplicada em outros objetos, com o marcador mostrando onde ele deve colocar as patas. Escolha um skate adequado ao porte do animal. Não tenha pressa, é preciso que ele se sinta seguro com o skate antes de fazê-lo se mover.

1 Antes de tudo, veja se ele realmente sabe tocar o target com as patas. Coloque-o num piso macio e dê o comando "no marcador" (p. 160). Clique assim que ele tocar o marcador com duas patas e jogue o petisco. Repita várias vezes.

2 Ponha o target sobre o skate, de um modo que ele não vire ou assuste o cão. Mantenha o skate parado, diga "no marcador" e, quando as patas estiverem sobre o target, clique e recompense-o. Repita muitas vezes.

Pontos-chave

- Jogue as recompensas longe para que ele tenha que descer do skate e depois subir novamente para conseguir mais. Assim, o skate vai rolar mais facilmente quando o cão estiver pronto.
- Se ele já souber os comandos "na bola" (p. 172) e "no pufe" (p. 174), você pode usar o "no..." para ajudá-lo a entender o que você quer.
- Pode ser que o cachorro tenha preferência por um lado para dar impulso. Tenha isso em mente quando ele andar de skate.

3 Retire o marcador e veja se o cachorro ainda põe as patas no skate. Se ele transferir a ação, dê o comando "skate", clique e jogue um petisco. Pratique até ele entender o comando. Mas, se ele não transferir a ação, faça o exercício mais algumas vezes usando o marcador e depois tente de novo.

4 Aos poucos, vá introduzindo movimento. Diga "skate", mas não o segure. Quando o cão colocar as patas, o skate irá andar. Clique e dê o petisco imediatamente. Aumente a distância gradualmente esperando para clicar.

hora da arrumação

Este truque é composto de uma sequência de movimentos, cada um devendo ser ensinado separadamente. Ele deve ser capaz de pegar e largar objetos sob comando (p. 162). Os diferentes elementos serão ligados de trás para a frente, começando pelo final e indo até a primeira ação – assim, ele terá que fazer um pouco mais a cada vez para chegar à parte do truque que já conhece bem. O recipiente deve ficar um pouco abaixo da altura do queixo dele e ser largo o suficiente para que enfie a cabeça dentro com folga. Se ele não alcançar o fundo, ponha um fundo falso. Escolha "quinquilharias" que ele goste de pegar com a boca. Aqui, foi usado papel amassado.

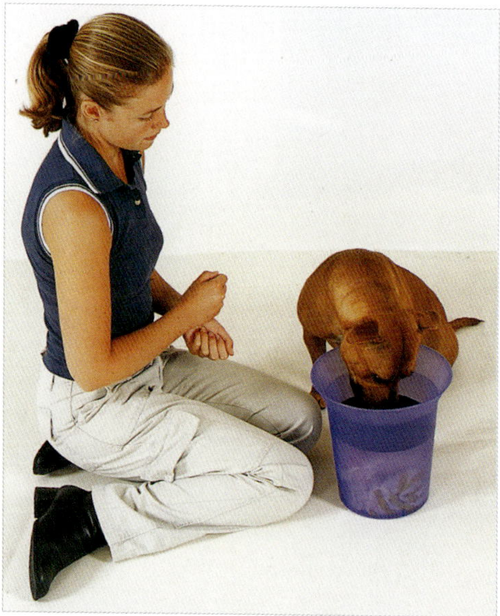

1 Ponha a lixeira perto, entre você e o cachorro. Deixe um petisco lá dentro e incentive-o a pegá-lo. Quando ele puser a cabeça, mas antes de pegar o alimento, clique. Deixe que ele o coma. Repita várias vezes até ele se acostumar com o acessório.

Pistas do clicker

Ensinar truques como colocar o lixo na lixeira é fácil se você usar o clicker para dar dicas essenciais daquilo que quer que ele faça – ao clicar, está dizendo "isso mesmo, é por aí". Quando não clica, você diz "continue tentando, daqui a pouco você descobre".

2 Ponha o "lixo" na lixeira. Ele irá investigar – clique quando começar a farejar. Repita algumas vezes.

3 Devolva o "lixo" para o recipiente, mas não clique quando ele cheirar – ele vai querer pegar o papel com a boca. Quando ele fizer isso, clique. Tente clicar e dar o petisco enquanto o focinho ainda estiver sobre a lixeira, assim, quando ele largar o papel para pegar a recompensa, o papel cairá lá dentro mesmo. Repita algumas vezes.

4 Agora, ponha o "lixo" ao lado da lixeira e deixe o cão começar a fazer o que você espera. No começo, clique e dê o petisco quando ele cheirar ou pegar o papel. Depois, espere para clicar, para que ele tenha que tentar outras coisas para obter a recompensa. Clique e recompense qualquer ação que leve ao objetivo final – por exemplo, pegar o papel e dar um passo em direção à lixeira ou simplesmente enfiar a cabeça lá dentro novamente.

5 Aos poucos, o cão ligará a recompensa ao ato de pôr o focinho na lixeira e de pegar o lixo. Quando ele colocar o papel na lixeira, clique e dê-lhe uma grande recompensa. Pratique e introduza o comando "lixo".

Pontos-chave

- Permita que ele avalie a questão – você pode simplesmente aguardar um minuto sem dar o comando ou clicar, a menos que ele faça algo que valha a recompensa.
- Concentre-se em ajudar o cão a associar o papel com a lixeira.

compras, compras, compras!

Este truque é bem complexo – treine por partes para não sobrecarregar o animal. Primeiro, veja se ele sabe trazer de volta (p. 162), ir a um marcador target (p. 160) e fazer o truque da lixeira (p. 184). Use uma cesta de base larga, para não virar, e alça alta, para que o cão consiga carregá-la, além de pôr e tirar coisas dela. Antes de ensinar todo o truque, faça ele carregar a cesta pela alça.

1 Com ele em espera (p. 44), ponha uma cesta sobre o target (no caso, uma esteira) alguns passos adiante. Peça ao cão para buscar a cesta. Clique e recompense-o quando levá-la até você. Pratique até ficar natural.

2 Peça que carregue a cesta e caminhe com ele até o target. Diga "larga" (p. 164). Quando ele colocá-la na esteira, clique e dê um petisco.

3 Mande o cachorro, com a cesta, para a esteira usando o comando de target. Assim que ele se colocar sobre a esteira com a cesta na boca, clique. Vá até ele e recompense-o. Pratique e depois ligue os passos 1 a 3.

4 Ensaie colocar compras na cesta usando o mesmo comando e procedimentos do truque da lixeira. Desta vez, deixe as "compras" perto da cesta e só clique e o recompense quando ele colocar as coisas dentro dela.

Pontos-chave

- É melhor ensinar todas as ações primeiro com a cesta, já que elas serão as menos atraentes para o cão. Ensinando-as antes, você já terá atribuído um grande significado a elas quando introduzir os objetos.
- A esteira target deixará claro para o cachorro aonde você quer que ele vá e onde colocar a cesta. Com o tempo, a esteira poderá ser retirada.

5 Enfim, ensine-o a carregar a cesta e "fazer compras" – primeiro, com você e, depois, pedindo-lhe para trazer toda a cesta. Quando ele fizer isso, tente ligar toda a sequência. No início, acompanhe-o. Depois, mande-o fazer as coisas a distância.

Índice

agradecimentos

Nossos agradecimentos a Sue Evans, Avril James, Kay Laurence, Jan Morse, Gina Pink e Beryl Rounsley.

Sports Connexion, Coventry CV8 3FL Tel. 02476 306155

Editor-executivo: Trevor Davies

Editor: Charles Hallam

Diretor de arte: Mark Stevens

Projeto gráfico: Janis Utton

Fotos especiais: © Octopus Publishing Group Limited /Angus Murray /Steve Gorton.

Outras fotografias: © Octopus Publishing Group Limited /Angus Murray 7; Russell Sadur 19 no alto, 20; Steve Gorton 9; Tim Ridley 8.

Controle de produção: Manjit Sihra

Pesquisa de imagem: Taura Riley

Kizzy

Glen

Busy

Taz

Gypsy

Zoë

Mabel

Quincy

Rooney

Saffy

Keya

Foxy

Chester

Bailey